O Pilar 2 e a relevância do imposto mínimo global nos cenários internacional e brasileiro

Ana Paula Saunders

ORGANIZAÇÃO
**MARCUS LIVIO GOMES
SERGIO ANDRÉ ROCHA**

FINANÇAS PÚBLICAS, TRIBUTAÇÃO E DESENVOLVIMENTO

Copyright © 2023 by Editora Letramento
Copyright © 2023 by Ana Paula Saunders

Diretor Editorial Gustavo Abreu
Diretor Administrativo Júnior Gaudereto
Diretor Financeiro Cláudio Macedo
Logística Daniel Abreu e Vinícius Santiago
Comunicação e Marketing Carol Pires
Assistente Editorial Matteos Moreno e Maria Eduarda Paixão
Designer Editorial Gustavo Zeferino e Luís Otávio Ferreira

Conselho Editorial Jurídico

Alessandra Mara de Freitas Silva	Edson Nakata Jr	Luiz F. do Vale de Almeida Guilherme
Alexandre Morais da Rosa	Georges Abboud	Marcelo Hugo da Rocha
Bruno Miragem	Henderson Fürst	Nuno Miguel B. de Sá Viana Rebelo
Carlos María Cárcova	Henrique Garbellini Carnio	Onofre Alves Batista Júnior
Cássio Augusto de Barros Brant	Henrique Júdice Magalhães	Renata de Lima Rodrigues
Cristian Kiefer da Silva	Leonardo Isaac Yarochewsky	Salah H. Khaled Jr
Cristiane Dupret	Lucas Moraes Martins	Willis Santiago Guerra Filho

Todos os direitos reservados. Não é permitida a reprodução desta obra sem aprovação do Grupo Editorial Letramento.

Dados Internacionais de Catalogação na Publicação (CIP)
Bibliotecária Juliana da Silva Mauro - CRB6/3684

S257p Saunders, Ana Paula
O Pilar 2 e a relevância do imposto mínimo global nos cenários internacional e brasileiro / Ana Paula Saunders ; organizado por Marcus Livio Gomes e Sergio André Rocha. - Belo Horizonte : Letramento, 2023.
164 p. : il. ; 23 cm. - (Finanças Públicas, Tributação e Desenvolvimento)
Inclui bibliografia.
ISBN 978-65-5932-336-4

1. Pilar 2. 2. Regras CFC. 3. Substance-Based Income Exclusion. 4. Tributação internacional. 5. Jurisprudência brasileira. I. Gomes, Marcus Lívio. II. Rocha, Sergio André. III. Título. IV. Série.
CDU: 336.227 CDD: 336.24

Índices para catálogo sistemático:
1. Tributação internacional 336.227
2. Tributação internacional 336.24

LETRAMENTO EDITORA E LIVRARIA
Caixa Postal 3242 – CEP 30.130-972
r. José Maria Rosemburg, n. 75, b. Ouro Preto
CEP 31.340-080 – Belo Horizonte / MG
Telefone 31 3327-5771

É O SELO JURÍDICO DO
GRUPO EDITORIAL LETRAMENTO

APRESENTAÇÃO DA COLEÇÃO TRIBUTAÇÃO, FINANÇAS PÚBLICAS E DESENVOLVIMENTO

Esta coleção nasceu do nosso interesse de congregar e levar aos leitores e leitoras trabalhos acadêmicos sobre temas de Direito Tributário e Financeiro que tratem de questões atuais e relevantes para o desenvolvimento de tributação e finanças públicas democráticas e transformadoras da sociedade.

O Direito Tributário e o Direito Financeiro encontram-se no centro dos principais temas que desafiam os gestores públicos e os atores privados. Da proteção do meio-ambiente à superação de todas as formas de desigualdade, de questões domésticas à equidade na relação entre países soberanos, a tributação e as finanças públicas são parte essencial da solução de qualquer dos problemas que afligem muitas das sociedades contemporâneas.

Neste contexto, o Programa de Pós-Graduação em Direito da Universidade do Estado do Rio de Janeiro vem cumprindo um papel essencial de recuperar o caráter humanista do Direito Tributário e do Direito Financeiro, após décadas de prevalência teórica de teorias formalistas que pretenderam, inclusive, separar os dois campos de estudo.

Além de publicar trabalhos desenvolvidos no Programa de Pós-Graduação em Direito da Universidade do Estado do Rio de Janeiro, esta coleção está aberta a pesquisas produzidas em outras instituições, desde que alinhadas à linha editorial proposta.

Agradecemos à Editora Casa do Direito pela parceria neste projeto, bem como aos autoras e autores que confiaram em nós para a publicação de suas pesquisas.

SERGIO ANDRÉ ROCHA
MARCUS LÍVIO GOMES
Professores de Direito Financeiro e Tributário da
Universidade do Estado do Rio de Janeiro - UERJ

Ao meu filho João Pedro, por dar um novo significado para a minha vida.

AGRADECIMENTOS

Cursar um Mestrado e concluir a Dissertação não são tarefas fáceis. A jornada em si já seria difícil, mas apenas 2 meses depois de iniciado o Mestrado, a surpresa chegou: estava grávida. João Pedro trouxe um novo significado para a minha vida e minha dedicação foi intensa na missão mãe-acadêmica. E consegui! Não sozinha, mas sim, cercada de uma rede de apoio incondicional.

Agradeço imensamente à minha mãe, que foi fundamental nesse momento, pois, sem a sua ajuda e sem o seu cuidado com o meu filho, a conclusão desse trabalho não seria possível. O ombro-amigo e o carinho nos momentos de exaustão foram fundamentais na concentração e estudo constante. Agradeço também ao meu marido Rafael Tepedino pela paciência durante todo o Mestrado e cuidado diário com nosso filho João Pedro e nossa filha canina Gaia. O acolhimento nesse momento foi mais do que necessário.

Um especial agradecimento ao meu orientador, professor Marcus Livio Gomes, que em toda essa jornada sempre me incentivou e me direcionou, permitindo, assim, que eu conseguisse desenvolver esse tema tão novo e fascinante. Sem ele, este livro jamais seria elaborado ou sequer imaginado. O carinho e cuidado comigo no momento da gravidez e após o nascimento do meu filho durante o Mestrado deram força para a minha total dedicação.

Ademais, todo o apoio e excelentes discussões acadêmicas com o Professor Sergio André Rocha foram imprescindíveis para a conclusão desse projeto. A você, o meu muito obrigada pelo exemplo, apoio incondicional e por todos os constantes ensinamentos.

Ao Professor Paulo Ayres Barreto, exemplo de profissional e acadêmico, que, além das contribuições fundamentais para o resultado desse trabalho, gentilmente aceitou participar desse momento tão especial da minha vida acadêmica. O caminho final foi desenvolvido pelas orientações dadas por você!

À UERJ e aos seus Professores, que durante todo o Mestrado nos apoiam e nos orientam criticamente. Um especial agradecimento ao Professor Luís Cezar Queiroz que trouxe um novo significado do Direito após suas aulas maestrais, além do carinho semanal sempre preocupado com o meu bem-estar e do Pedrinho.

Aos amigos de Mestrado e parceiros de desabafos Daniel Salomão, Laura Kurth, Priscila Sakalem e Renan Couto, que deixaram a caminhada muito mais leve e sempre dispostos a me abraçar e a mimar o meu filho.

Por fim, agradeço aos meus queridos amigos Amanda Prado e Vinicius Cunha e irmã Luiza Mendes por todo o suporte, colaboração e revisão nessa etapa tão relevante da minha vida acadêmica.

Conseguimos juntos!

Todas as vitórias ocultam uma abdicação.
Simone de Beauvoir

13		**PREFÁCIO**
17		**LISTA DE FIGURAS**
19		**LISTA DE QUADROS**
21		**LISTA DE ABREVIATURAS E SIGLAS**
23		**INTRODUÇÃO**
28	**1.**	**O PILAR 2**
28	1.1.	HISTÓRICO INTERNACIONAL
39	1.2.	O PILAR 2 E SEU CONCEITO INICIAL
43	1.3.	A ESTRUTURA DO PILAR 2
63	1.4.	A PREVISÃO DA *SUBSTANCE-BASED INCOME EXCLUSION*: A INOVAÇÃO QUE PODE PREJUDICAR O PILAR 2
70	**2.**	**O PILAR 2 E AS REGRAS CFC**
71	2.1.	AS REGRAS CFC – HISTÓRICO E CONCEITO
83	2.2.	O PLANO DE AÇÃO Nº 3 – O FORTALECIMENTO DAS REGRAS CFC
83	2.2.1.	CONTEXTO INICIAL
85	2.2.2.	O DESIGNING EFFECTIVE CONTROLLED FOREIGN COMPANY RULES – FINAL REPORT
93	2.3.	HÁ UMA EFETIVA NECESSIDADE DO PILAR 2 COM O PLANO DE AÇÃO Nº 3?
107	**3.**	**O PILAR 2 NOS CENÁRIOS INTERNACIONAL E BRASILEIRO**
108	3.1.	OS PONTOS POSITIVOS ACERCA DO PILAR 2
118	3.2.	AS MEDIDAS EFETIVADAS PELOS PAÍSES
123	3.3.	O PILAR 2 NO CENÁRIO BRASILEIRO
124	3.3.1.	BREVE HISTÓRICO DA TRIBUTAÇÃO DOS LUCROS AUFERIDOS NO EXTERIOR SOB A PERSPECTIVA BRASILEIRA
132	3.3.2.	OS JULGAMENTOS DO SUPREMO TRIBUNAL FEDERAL SOBRE A MATÉRIA
138	3.3.3.	O JULGAMENTO DO SUPERIOR TRIBUNAL DE JUSTIÇA SOBRE A MATÉRIA
145	3.3.4.	A EFETIVAÇÃO DO PILAR 2 NO BRASIL
151	3.3.5.	ALGUNS IMPORTANTES EXEMPLOS NO BRASIL
155		**CONCLUSÃO**
160		**REFERÊNCIAS**

PREFÁCIO

Desde sua formatação inicial, o Projeto BEPS (*Base Erosion and Profit Shifting*), iniciativa do G20 juntamente com a Organização para a Cooperação e Desenvolvimento Econômico (OCDE), suscita pesquisa contínua na Universidade do Estado do Rio de Janeiro, a qual é objeto de grupo de pesquisa coordenado pelo subscritor intitulado "Direito Tributário Internacional: Projeto BEPS (OCDE/G20)", cadastrado na plataforma Lattes do CNPQ desde 2018, com participação efetiva da pesquisadora Ana Paula Saunders em face de sua experiência acadêmica internacional no *Advanced* LL.M. em *International Tax Law* na Universidade de Leiden, Holanda e sua atuação profissional como Gerente de Planejamento Tributário da Vale S.A.

Não por outra razão, participou com brilhantismo na apresentação de textos seminais sobre o Projeto BEPS na primeira coletânea lançada no país sobre o tema, co-coordenada pelo subscritor, intitulada "A tributação Internacional na era pós-BEPS: Soluções Globais e Peculiaridades de Países em Desenvolvimento". Diga-se de passagem, Ana Paula Saunders é uma articulista ativa dos temas relacionados à Tributação Internacional, sendo uma das coordenadoras do grupo de pesquisa "Estudos de Tributação Internacional" (GETI), o qual fomenta pesquisas, seminários e publicações sobre esta temática, entre elas a coletânea "Estudos de Tributação Internacional" desde 2018.

Persiste o desafio de combater, mediante esforço multilateral, o abuso de planejamentos e leis que permitem a erosão da base tributária, especialmente por meio da transferência artificial de lucros para países com tributação mais benéfica ou inexiste. A temática mantém-se atual e suscita questões correlacionadas ao avanço das tecnologias digitais e da respectiva legitimidade sobre o quinhão da riqueza produzida na modernidade líquida.

Nesse contexto, a Faculdade de Direito da Universidade do Estado do Rio de Janeiro já consolidada como um importante espaço de discussão acadêmica e pesquisa nas searas tributária e financeira, oferece estudos qualitativos sobre os variados aspectos da doutrina nacional e internacional. Parte desse êxito se deve ao mérito do qualificado corpo discente que ingressa anualmente no programa de Pós-Graduação em Finanças Públicas, Tributação e Desenvolvimento, entre eles Ana Paula Saunders, que consegue agregar conhecimento acadêmico profissional profundo sobre o tema, atuação profissional destacada na área de planejamento tributário de uma das maiores multinacionais do mundo na área de mineração e interesse na pesquisa do direito tributário internacional, campo onde poucos se aventuram pelas complexidades dos temas, podendo-se dizer que se trata de um outro ramo do Direito Tributário.

Resultado das reflexões construídas durante as aulas ministradas na UERJ, em especial nas searas da tributação internacional e do planejamento tributário, a contribuição de Ana Paula Saunders, aluna que tive a oportunidade de orientar durante o curso de mestrado acadêmico, reúne, a um só tempo, experiência prática, apurada qualificação profissional e faro de pesquisadora, qualidades raramente encontradas nas salas de aula.

A publicação que chega às mãos do leitor, fruto da dissertação defendida no Curso de Pós-Graduação *Stricto Sensu* em Direito da UERJ, perante os iminentes professores Sérgio André Rocha (UERJ) e Paulo Ayres Barreto (USP), examina de forma percuciente o desafiante tema do Pilar 2 "*Global Anti-Base Erosion (GloBE) Proposal*", diretiva fundamental para resguardar as bases tributárias e que tem sido amplamente discutida pelos Estados.

Segregado em três partes, o livro oferece amplo panorama da temática supramencionada. A Autora, além de abordar os aspectos históricos internacional e nacional, elementares para contextualização da matéria, detalha com acuidade a estrutura do Pilar 2 do projeto BEPS. Em segundo momento analisa as implicações desta nova diretiva com as regras CFC – *Controlled Foreign Company,* tema ao já havia se dedicado durante seu LL.M. na Universidade de Leiden, na Holanda. O terceiro capítulo apresenta de forma crítica os pontos positivos e negativos da implementação do referido Pilar 2, bem como os principais julgamentos realizados pelo Supremo Tribunal Federal e Superior Tribunal de Justiça acerca da matéria sobre lucros auferidos no exterior.

Conforme bem pontuado pela Autora, a nova diretiva busca fomentar "uma proposta que permita que a controladora final de um determinado grupo empresarial recolha um imposto complementar para seu Estado de Residência quando suas subsidiárias estrangeiras estiverem localizadas em países com baixa carga tributária". Desse modo, com a imposição de uma tributação mínima estimada pela OCDE, o Pilar 2 se revela um instrumento de simplificação, do qual decorrem diversas questões de ordem prática que impactam o incremento do caixa dos Estados sede das controladoras finais dos grupos sujeitos à diretiva, ainda que haja subsidiárias em locais desprovidos de taxação, conforme defendido pela OCDE e por alguns Estados.

Ao tratar de temas tão intrincados e complexos, objeto de constante evolução para o seu desenho legislativo, Ana Paula Saunders contribui para aprimorar a literatura jurídica nacional e internacional. Ouso dizer que o Projeto BEPS 2.0 da OCDE, que traz como premissas os Pilares 1 e 2, está na fronteira do conhecimento do Direito Tributário Internacional, sendo poucos os aplicadores do Direito capacitados a entender e discutir seus meandros. O *Pillar 2,* endereçado a enfrentar principalmente os Desafios Fiscais Decorrentes da Digitalização da Economia, está formatado sobre o conceito de "Regras do Modelo Global Anti-Base Erosion ou *Global Anti-Base Erosion Model Rules (GloBE).*

Em outubro de 2021, mais de 135 jurisdições aderiram a um plano inovador proposto pela OCDE para atualizar os principais elementos do sistema tributário internacional, que já não são mais adequados para o propósito de tributar racionalmente uma economia globalizada e digitalizada nas atividades transnacionais. As Regras Globais Anti-Base Erosion (GloBE) são um componente-chave desse plano e pretendem garantir que grandes empresas multinacionais paguem um nível mínimo de imposto sobre as receitas provenientes de cada uma das jurisdições onde operam. Mais especificamente, as Regras GloBE estabelecem um sistema de tributação coordenado que impõe um imposto adicional sobre os lucros provenientes de uma jurisdição sempre que a alíquota efetiva, determinada em uma base jurisdicional, estiver abaixo da alíquota mínima. Não precisamos ressaltar que se trata de um desafio hercúleo, complexo e inovador, que irá demandar uma coordenação nunca antes tentada no sistema tributário internacional.

Por estas razões, expresso minha admiração pelo resultado de sua pesquisa sobre O Pilar 2 e a relevância do imposto mínimo global nos cenários internacional e brasileiro, matéria que contribui sobremaneira para o debate do direito tributário pátrio.

Rio de Janeiro, 16 de junho de 2023

MARCUS LIVIO GOMES
Professor Associado de Direito
Financeiro e Tributário da UERJ
Associate Research Fellow University of London (IALS)

LISTA DE FIGURAS

Figura 1	Linha do tempo acerca das discussões para implementação do Pilar 2
Figura 2	Regra de Inclusão de Renda
Figura 3	Aplicação da Regra de Pagamento de Tributação Reduzida
Figura 4	Aplicação da Regra da Sujeição à Tributação
Figura 5	Aplicação dos métodos em um grupo societário
Figura 6	Interação entre a IIR e a STTR
Figura 7	Interação entre a UTPR e a STTR
Figura 8	Relação entre a UTPR e as regras de Preço de Transferência
Figura 9	Previsão da "substance-based income exclusion"
Figura 10	Caso *Gregory V. Helvering* - estrutura inicial
Figura 11	Caso *Gregory V. Helvering* - estrutura final
Figura 12	Pilar 2 e Regras CFC
Figura 13	Receita auferida sem a possibilidade dos *carve-outs*
Figura 14	Efeito financeiro do Pilar 2 na União Europeia
Figura 15	Efeito financeiro do Pilar 2 nos demais países
Figura 16	Relação entre o FDI e a alíquota dos países
Figura 17	Efeitos do Pilar 2 no Brasil

LISTA DE QUADROS

Quadro 1	Resumo dos Votos na ADI nº 2.588
Quadro 2	Questões debatidas na ADI nº 2.588
Quadro 3	Lei nº 12.973/14 - efeito tributário
Quadro 4	Pilar 2 - efeito tributário

LISTA DE ABREVIATURAS E SIGLAS

ADI	Ação Direta de Inconstitucionalidade
AICE	Annual International Conference & Exhibition
ALP	Arm's Lenght Principle
BEAT	Base Erosion and Anti-Abuse Tax
BEPS	Base Erosion and Profit Shifting
CE	Comissão Europeia
CEN	Capital Export Neutrality
CIDE	Contribuição de Intervenção no Domínio Econômico
CIN	Capital Import Neutrality
CF	Constituição Federal
CFC	Controlled Foreign Company
CM-OCDE	Convenção Modelo da Organização para a Cooperação e Desenvolvimento Econômico
COFINS	Contribuição para o Financiamento da Seguridade Social
CSLL	Contribuição Social sobre o Lucro
CTN	Código Tributário Nacional
EATAP	European Anti Tax Avoidance Package
EEA	Área Econômica Europeia (European Economic Area)
ECJ	European Court of Justice
EP	Estabelecimento Permanente
EUATAD	European Union Anti-Tax Avoidance Directive
EUTO	Observatório de Tributação da União Europeia (EU Tax Observatory)

FDI	*Foreign Direct Investments*
FMI	Fundo Monetário Internacional
FN	Fazenda Nacional
FPHC	*Foreign Personal Holding Company*
FR	Formulário de Referência
FNDCT	Fundo Nacional de Desenvolvimento Científico e Tecnológico
GILTI	*Global Intangible Low-Taxed Income*
GLoBE	*Global Anti-Base Erosion (GloBE) Proposal*
IFI	Instituição Fiscal Independente
ILL	Imposto sobre o Lucro Líquido
IIR	Regra de Inclusão de Renda (*Income Inclusion Rule*)
IN	Instrução Normativa
IRPJ	Imposto de Renda da Pessoa Jurídica
MLI	Instrumento Multilateral (*Multilateral Instrument*)
MNEs	Multinacionais
MP	Medida Provisória
OCDE	Organização para a Cooperação e Desenvolvimento Econômico
PF	Pessoa Física
PL	Projeto de Lei
PJ	Pessoa Jurídica
RE	Recurso Extraordinário
REsp	Recurso Especial
RFB	Receita Federal do Brasil
TFDE	*Task Force on the Digital Economy*
TRF4	Tribunal Regional Federal da 4ª Região
SAT	Administração Tributária Chinesa (*China's State Administration of Taxation*)
SOR	Regra da Alteração de Método (*Switch-Over Rule*)
STF	Supremo Tribunal de Federal
STJ	Superior Tribunal de Justiça
STTR	Regra da Sujeição à Tributação (*Subject to Tax Rule*)
TDTs	Tratados contra a dupla tributação
TP	Preço de Transferência (*Transfer Pricing*)
TTR	Relatórios de Transparência Fiscal (*Tax Transparency Report*)
UNCTAD	Conferência das Nações Unidas sobre Comércio e Desenvolvimento
UPE	*Ultimate Parent Company*
UTPR	Regra de Pagamento de Tributação Reduzida (*Undertaxed Payment Rule*)

INTRODUÇÃO

A presente obra tem como objetivo analisar a importância do Pilar 2, medida criada pela Organização para a Cooperação e Desenvolvimento Econômico (OCDE)[1], nos cenários internacional e brasileiro. Como forma de minimizar a transferência artificial de lucros para jurisdições com baixa carga tributária, a Diretiva se mostra fundamental para resguardar as bases tributárias dos Estados e tem sido objeto de ampla discussão pelos Estados. Diante desse debate, esse estudo analisará minuciosamente a "*Global Anti-Base Erosion (GloBE) Proposal*", decorrente do Projeto BEPS[2] (*base erosion and profit shifting*) e publicada após

---

[1] A OCDE, sucessora da Organização Europeia de Cooperação Econômica (OECE), foi criada em 1948 em uma tentativa de reconstrução da Europa no pós-guerra e era composta inicialmente por Alemanha, Áustria, Bélgica, Dinamarca, França, Grã-Bretanha, Itália, Noruega, Portugal, Suíça, Suécia, Turquia e Espanha. Pouco tempo depois, Estados Unidos e Canadá também se tornaram associados. Atualmente, a Organização possui 38 (trinta e oito) países-membros e como principal objetivo visa a estimular o progresso econômico e o comércio mundial, tendo, dessa forma, um papel fundamental nas discussões sobre tributação internacional da renda.

[2] BEPS é um acrônimo derivado da expressão em inglês "*base erosion and profit shifting*", que, em português, significa "erosão da base tributária e transferência de lucros". É um termo técnico usado pela OCDE para designar que, em determinados planejamentos tributários praticados pelas multinacionais, há o aproveitamento de lacunas nas leis que permitem transferir lucros a jurisdições com tributação baixa

intensas discussões com centenas de jurisdições em 20 de dezembro de 2021 (OECD, 2021).

O Pilar 2, foco desse Estudo, busca, de forma sucinta, desenvolver uma proposta global que permita que um determinado Estado exerça sua competência tributária nas hipóteses em que ou (i) outros países não a tenham exercido de forma inicial ou (ii) quando determinado rendimento esteja submetido a uma baixa tributação efetiva em outra jurisdição. Nessas hipóteses, com a nova medida, aplicar-se-á uma alíquota pré-fixada para que haja um mínimo recolhimento tributário por um determinado grupo de contribuintes.

Há tempos, a OCDE discute os possíveis novos rumos acerca da tributação internacional da renda e como eliminar e/ou reduzir os efeitos danosos provocados pelo BEPS e, em 2021, junto com o G20[3], optou por implementar as disposições conhecidas como Pilar 1 e 2. Tais pilares vêm no contexto do pacote de ações[4] (OECD, 2015a) do Projeto BEPS e objetivam modificar a forma como a tributação é dividida entre os Estados com uma consequente maior alocação aos países onde se concentra efetivamente o mercado consumidor (Pilar 1), bem como promover um recolhimento mínimo obrigatório para determinadas multinacionais (MNEs) (Pilar 2).

O documento oficial sobre o tema, o *"Tax Challenges Arising from the Digitalisation of the Economy – Global Anti-Base Erosion Model Rules (Pillar Two): Inclusive Framework on BEPS"* (OECD, 2021) foi publicado em dezembro/2021 e, através dele, restaram definidos o escopo, a forma de cálculo, bem como a data de introdução para a aplicação das regras de tributação mínima global. Destacou-se que as normas GloBE não serão aplicadas de forma genérica a todos os contribuintes, mas,

---

ou nula. O Projeto BEPS surge nesse contexto e propõe 15 ações a serem seguidas pelos países para combater a evasão fiscal.

3 O G20 foi um grupo criado em 1999 e é formado, atualmente, pelos ministros de finanças e chefes dos bancos centrais das 19 (dezenove) maiores economias do mundo mais a União Europeia (UE) cujos principais objetivos são a cooperação e consultas recíprocas no que tange ao sistema financeiro internacional. Os países-membros são: África do Sul, Alemanha, Arábia Saudita, Argentina, Austrália, Brasil, Canadá, China, Coreia do Sul, França, Estados Unidos, Índia, Indonésia, Itália, Japão, México, Reino Unido, Rússia, Turquia e UE.

4 Trata-se de um plano para identificar as ações necessárias para enfrentar a erosão da base tributária e a transferência de lucros para países com baixa ou nula carga tributária.

tão somente às grandes corporações que auferirem rendimentos a partir de 750 milhões de euros. Outrossim, foi mencionado que o Pilar 2 tende a minimizar a evasão fiscal, uma vez que independentemente da jurisdição que se escolha para operar, haverá uma alíquota mínima de 15% que deverá ser observada por tais contribuintes.

O que parecia algo distante de acontecer, eis que as primeiras discussões sobre o tema ocorreram há 10 (dez) anos atrás[5], começa, no entanto, a se tornar realidade no cenário global. A previsão da OCDE é que os movimentos iniciais para o desenvolvimento e para a implementação da nova medida ocorra já no primeiro semestre de 2023[6]. Na dianteira da sua internalização, a Coreia do Sul promulgou a primeira legislação doméstica sobre o Pilar 2 e seus efeitos ocorrerão a partir de 2024. Embora bastante descritiva, há diversos pontos que ainda serão estabelecidos por decretos presidenciais.

Nessa mesma linha, os governos da Holanda, Alemanha, França, Itália e Espanha lançaram uma declaração conjunta em que se comprometeram a dar os primeiros passos no que tange ao desenvolvimento das regras GloBE. Ainda nesse contexto, cumpre destacar também que Holanda e Reino Unido já publicaram os seus respectivos projetos de lei sobre o Pilar 2 com efeitos a partir de 2024.

Nada obstante os países da União Europeia (UE) estarem mais à frente nessa discussão, com a aproximação e a expectativa de ingresso do Brasil na Organização[7], há uma expectativa de que a Diretiva seja também implementada em nosso território. Apesar do recente alinhamento das regras de preço de transferência brasileiras ao modelo internacional[8], contudo, pouco se fala sobre uma nova legislação nos moldes do Pilar 2 em nosso ordenamento jurídico. Vale, inclusive, mencionar que a proposta de tributação global mínima de multinacionais em 15% dos lucros obtidos pode ter pouco efeito imediato na arrecadação do

---

[5] https://www.oecd.org/ctp/BEPSActionPlan.pdf. Acesso em 04 de janeiro de 2023.

[6] https://www.oecd.org/tax/beps/further-progress-on-two-pillar-solution-oecd-releases-consultation-document-on-the-withdrawal-of-digital-service-taxes-and-other-relevant-similar-measures-under-pillar-one-and-an-implementation-package-for-pillar-two.htm. Acesso em 04 de janeiro de 2023.

[7] https://www.oecd.org/latin-america/paises/brasil-portugues/. Acesso em 04 de janeiro de 2023.

[8] http://www.planalto.gov.br/ccivil_03/_Ato2019-2022/2022/Mpv/mpv1152.htm. Acesso em 04 de janeiro de 2023.

Brasil, pois a nossa regra local já prevê a adoção de uma alíquota em patamar muito superior ao preconizado pela OCDE (34%), ainda que referente à nominal.

Considerando esse cenário, o presente Estudo concentrará a sua análise na descrição minuciosa do Pilar 2. Dessa forma, o Capítulo I, como cerne deste livro, abordará detalhadamente a nova Diretiva e serão esmiuçados o histórico internacional e os conceitos iniciais para implementação das regras globais anti-erosão, bem como os métodos de aplicação para o recolhimento complementar a ser efetivado pelas multinacionais. Outrossim, será detalhada a previsão da *"substance-based income exclusion"* no texto final do Pilar 2 que trouxe a possibilidade de exclusão da base tributária dos valores referentes aos ativos tangíveis e folha de pagamento de determinada empresa, eis que são indicadores de atividades econômicas genuínas.

Com a descrição pormenorizada desse novo dispositivo, será debatido, no Capítulo II, se o Pilar 2 é efetivamente um novo e necessário modelo de tributação ou se há semelhança com algum parâmetro pré-existente, em especial as regras CFC (*Controlled Foreign Company* ou empresa estrangeira controlada)[9]. Para tanto, o histórico e o conceito acerca desse tipo legislativo serão ressaltados para que, após essa exposição, seja debatido o Plano de Ação nº 3 da OCDE, bem como descrito o *"Designing Effective Controlled Foreign Company Rules – Final Report"* (OECD, 2015c).

Esses debates são importantes em especial para que seja verificado se há uma efetiva necessidade de desenvolvimento e futuras implementações internas do Pilar 2 ou se as normas CFC já existentes na maioria dos países seriam suficientes para a incidência de uma tributação complementar e diminuição do BEPS. Nada obstante eventual similaridade entre tais medida, demonstrar-se-á, no Capítulo III, a importância do Pilar 2 nos cenários internacional e brasileiro.

A corroborar sua relevância, serão expostos dados estatísticos de renomadas instituições que evidenciam eventuais vantagens da imposição de um recolhimento obrigatório, principalmente no que tange ao aumento de receita para os governos, como também eventuais críticas

---

[9] Usualmente, as normas CFC são aplicadas quando uma subsidiária está localizada em um país diferente ao da sua controladora e com baixa tributação. Tais regras têm como objetivo evitar a transferência artificial de lucros para a jurisdição da controlada, uma vez que os rendimentos por ela gerados serão tributados como se originados na controladora.

à nova proposta da OCDE, em especial no que tange sua relevância e sua inovação no cenário global. Além do eventual acréscimo no caixa dos países, serão discutidas também as possíveis melhorias na competitividade e nas eficiências dos investimentos a serem feitos nas mais diversas jurisdições.

Por fim, será feita uma análise da legislação brasileira de tributação dos lucros auferidos no exterior, bem como dos julgamentos do Supremo Tribunal Federal e do Superior Tribunal de Justiça. Como as decisões das Cortes tiveram suma importância para o deslinde da compatibilidade das normas brasileiras com os preceitos internacionais, abordar-se-á os dois casos mais importantes sobre a matéria, quais sejam, a Ação Direta de Inconstitucionalidade (ADI) nº 2.588 e o Recurso Especial (REsp) nº 1.325.709.

Nesse contexto, será evidenciado que a nossa política fiscal, por possuir uma situação singular pela forma ampla e rígida de taxação, além da especificidade de tributos existentes, pode retirar ou diminuir a importância do Pilar 2 em nosso território que, contudo, ainda se mostra necessária no Brasil. No entanto, para sua implementação, haverá a necessidade de alinhamento com as normas domésticas e com as convenções celebradas em matéria tributária.

Como conclusão, será esclarecido que o Pilar 2 é uma medida importante para as jurisdições para, ao impor uma tributação mínima obrigatória, tentar garantir uma maior justiça fiscal com a consequente redução da erosão da base tributária dos Estados e da transferência artificial de lucros. No atual cenário global, esse é o maior objetivo da OCDE.

Por fim, cumpre esclarecer que o presente Estudo analisou a Diretiva e os eventuais ajustes legislativos dos países efetuados até a data de 30 de abril de 2023.

1. O PILAR 2

1.1. HISTÓRICO INTERNACIONAL

A tributação dos países deixou de ser pautada apenas nas regras domésticas[10]. A globalização e a consequente internacionalização das empresas trouxeram, para as mais diversas jurisdições, novas preocupações na seara tributária. Enquanto na esfera doméstica o tributo é parte necessária da própria existência dos Estados, no plano internacional, cuja importância tem crescido de forma exponencial, a tributação não ocorrerá de forma centralizada. Desse modo, cada país possui o seu próprio e distinto regime fiscal.

Ainda que os vários sistemas coexistam e nada obstante essa independência das jurisdições, é possível que, no entanto, determinadas normas individuais afetem diretamente outros países alcançando situações bilaterais ou, até mesmo, multilaterais. Daí a importância de analisá-las minuciosamente, em especial pelo crescimento do comércio internacional e do constante intercâmbio de pessoas, serviços e mercadorias entre os Estados.

---

[10] "International tax issues have never been as high on the political agenda as they are today. The integration of national economies and markets has increased substantially in recent years. This has put a strain on the international tax framework, which was designed more than a century ago." In: https://www.oecd.org/ctp/beps-explanatory-statement-2015.pdf. Acesso em 20 de março de 2022.

Nesse cenário, a necessidade de se efetivar normas fiscais para regulamentar as situações globais se tornou cada vez mais prioridade. Considerando essa relevância, em 1961, foi fundada a Organização para Cooperação e Desenvolvimento Econômico[11], cujo principal objetivo é estimular o progresso econômico e o comércio mundial, o que a eleva a ter um papel fundamental nas discussões acerca da tributação internacional pelas nações. No decorrer dos anos, o desenvolvimento das suas funções foi tão grande que, atualmente, a OCDE está no centro da produção de normas, padrões e comportamentos no que tange, em especial, à taxação mundial, possuindo, atualmente, 38 (trinta e oito) países-membros[12].

Reconhecida, portanto, como uma das protagonistas do Direito Tributário Internacional e objetivando, dentre outras funções, organizar as relações tributárias entre os mais diversos Estados, foi editada a sua Convenção Modelo (CM-OCDE) em que estão dispostos, atualmente, 31 (trinta e um) artigos sobre a tributação da renda[13]. Vale ressaltar que essa CM é a base para a maioria dos tratados contra a dupla tributação (TDTs) celebrados pelos Estados e buscam organizar uma taxação coerente entre os seus contratantes.

Com a visão da preponderância dos direitos fiscais dos Estados de Residência[14], o contexto inicial dos TDTs foi evitar a problemática da dupla tributação[15] da renda, afastando o poder tributário dos Estados

---

[11] Para maiores informações sobre a Organização checar: https://www.oecd.org/general/Key-information-about-the-OECD.pdf. Acesso em 27 de março de 2022.

[12] Os atuais países-membros são: Alemanha, Austrália; Áustria; Bélgica; Canadá; Chile; Colômbia; Coréia do Sul; Costa Rica; Dinamarca; Eslováquia; Eslovênia; Espanha; Estados Unidos; Estônia; Finlândia; França; Grécia; Holanda; Hungria; Irlanda; Islândia; Israel; Itália; Japão; Letônia; Lituânia; Luxemburgo; México; Noruega; Nova Zelândia; Polônia; Portugal; Reino Unido; República Tcheca; Suécia; Suíça; e Turquia.

[13] https://www.oecd.org/ctp/treaties/articles-model-tax-convention-2017.pdf. Acesso em 14 de dezembro de 2021.

[14] Para fins de taxação da renda, há que se destacar duas possibilidades: (ii) a competência tributária por se tratar do Estado de Residência, ou seja, o poder da jurisdição em taxar determinado cidadão ocorre pelo fato de ele ser "residente" naquele determinado país; e/ou (ii) por se tratar de Estado Fonte, isto é, o poder da jurisdição em taxar determinado cidadão ocorre porque tal indivíduo auferiu renda naquele determinado país.

[15] Pode-se definir "dupla tributação" como a situação em que dois ou mais Estados submetem uma determinada pessoa ao pagamento de tributos em razão do mesmo

de Fonte e privilegiando, por sua vez, a taxação do Estado de Residência. Minimizar ou até mesmo eliminar a dupla tributação da renda foi o cerne das discussões da OCDE por muitos anos, resguardando o direito dos contribuintes de não sofrerem os efeitos arrecadatórios de várias jurisdições sobre um mesmo fato gerador.

Todavia, com a evolução dos planejamentos tributários e a busca por novos mercados, o cenário fiscal foi alterado, de modo que a dupla não-tributação passou a ser o cerne do problema[16]. Seja em razão de lacunas existentes nas legislações domésticas dos países, seja pelas amplas estruturas organizadas pelas multinacionais, a erosão da base tributária acarretada pela transferência artificial de montantes para países com baixa tributação foi constituindo cada vez mais um sério risco para as receitas fiscais estatais.

A dupla não-tributação passa, desse modo, a ser o foco de combate dos governos e das organizações mundiais. Veja-se, inclusive, o que diz o primeiro documento da OCDE (2013, p.6) sobre a matéria:

> *Base erosion constitutes a serious risk to tax revenues, tax sovereignty and tax fairness for many countries. While there are many ways in which domestic tax bases can be eroded, a significant source of base erosion is profit shifting. Whilst further work on the data related to base erosion and profting shifting (BEPS) is*

---

fato gerador. Inúmeros autores, tais como Herbert Dorn, Paul Guggenheim, Wilhelm Wengler, dentre outros, distinguem em 2 (dois) tipos: a econômica, quando duas pessoas diferentes são tributadas com relação à mesma renda e a jurídica, quando deve haver a identidade de sujeitos passivos. Vale destacar também que os Comentários da Convenção Modelo fazem essa distinção da seguinte forma:

"*23.I.A.2. This case has to be distinguished especially from the so-called economic double taxation, i.e. where two different persons are taxable in respect of the same income or capital. If two States wish to solve problems of economic double taxation, they must do so in bilateral negotiations;*

23.I.A.3. International juridical double taxation may arise in three cases:

a) where each Contracting State subjects the same person to tax on his worldwide income or capital (concurrent full liability to tax, see paragraph 4 below); b) where a person is a resident of a Contracting State (R)1 and derives income from, or owns capital in, the other Contracting State (S or E) and both States impose tax on that income or capital (see paragraph 5 below); c) where each Contracting State subjects the same person, not being a resident of either Contracting State to tax on income derived from, or capital owned in, a Contracting State; this may result, for instance, in the case where a non-resident person has a permanent establishment in one Contracting State (E) through which he derives income from, or owns capital in, the other Contracting State (S)."

[16] https://www.oecd.org/ctp/BEPS-FAQsEnglish.pdf. Acesso em 27 de março de 2022.

important and necessary, there is no question that BEPS is a pressing and current issue for a number of jurisdictions.

Essa nova problemática passou a ser debatida também pelos cidadãos e pelas grandes corporações[17]. Nesse mesmo sentido, vale citar ENGLISCH e BECKER (2019, p.3):

> There is ample evidence that multinational firms shift profits to low-tax jurisdictions and tax havens via transfer pricing, financing schemes or by relocating IP and risk. Recent studies show that, despite ongoing measures against BEPS, firms are able to shift enormous amounts into low-tax jurisdictions and tax havens. Gravelle (2015) finds that the US loses 0.6 percent of GDP in revenue to tax havens. Bruner et al. (2018) estimate, based on US national accounts data, that without profit shifting US GDP would be 1.5 percent higher, US operating surplus 3.5 percent higher. Torslov et al. (2018) measure an excess profit in tax havens of US$600bn. The main losers of profit shifting, according to their estimates, are European non-havens and developing countries, the main winners US owned multinationals. In a counterfactual scenario, they show that, if all countries had the same tax rate as Germany, corporate tax revenue in the EU would be 20 percent higher (which is interpreted as a rough measure of the revenue losses due to tax competition). Finally, Alvarez Martinez et al. (2018) use a computable general equilibrium model to estimate the revenue losses due to base erosion and profit shifting and find that the EU loses more than 7 percent, whereas the US loses more than 10 percent of total corporate tax revenues.

Com isso em mente e objetivando minimizar a problemática do BEPS, a OCDE criou um plano de ação com 15 (quinze) medidas a serem observadas e aplicadas, na prática, pelas jurisdições, ainda que se trate de simples recomendações. Ressalte-se, inclusive, que a Organização reiterou ser fundamental a participação também dos países não-membros, pois, só a partir de uma cooperação global e ampla, que o objetivo central poderia ser alcançado e, consequentemente, eliminar ou diminuir a erosão da base tributária nos Estados (OECD, 2013, p. 8).

O "Plano de Ação BEPS" foi, sem dúvidas, o acontecimento mais importante na seara da tributação internacional promovida pela OCDE na última década. Apesar da relevância do tema e de o debate ter se iniciado em 2013, ele foi concluído apenas dois anos depois (OECD, 2015a) e, mesmo com esse intervalo temporal de amplas discussões e adaptações, ele não trouxe os resultados que foram almejados pelos envolvidos, como será visto mais à frente.

---

[17] https://www.theguardian.com/business/2012/dec/08/starbucks-uk-stores-protests-tax#:~:text=At%20Vigo%20Street%20in%20London's,'ll%20shut%20you%20down.%22. Acesso em 14 de dezembro de 2021.

No cenário das medidas sugeridas, o Plano de Ação nº 1 (*Addressing the Tax Challenges of the Digitalisation of the Economy*) (OECD, 2015b), fundamental para discussão dessa obra e atualmente a principal prioridade da Organização, visou a analisar a problemática da tributação da "economia digital". Empresas como *Google, Apple, Facebook* e *Amazon*, todas do mercado digital, evidenciaram, no decorrer dos anos, como o não recolhimento de impostos se tornou cada vez mais fácil, em especial pela intangibilidade em torno delas, o que as colocou no cerne das discussões internacionais[18].

Com efeito, pela grande mobilidade que as empresas digitais possuem, uma vez que a presença física nos países não é efetivamente necessária, sendo amplamente viável o seu estabelecimento em jurisdições com baixa tributação, a falta de pagamento de tributos relacionados à exploração de seu mercado consumidor se tornou uma questão relevante para os países. Consequentemente, ao se tornar centro das atenções da OCDE[19], foi criado um plano de ação exclusivo para essa problemática (OECD, 2015b, p. 16).

A Ação nº 1 tornou-se, dessa forma, imprescindível na tentativa de se minimizar os efeitos da erosão da base causada pelas multinacionais tecnológicas e algumas importantes sugestões foram levantadas. O estabelecimento de um novo elemento de conexão para a configuração de estabelecimentos permanentes com base na presença digital efetiva e a necessidade de imposição de tributos sobre fluxo de dados da *internet* são alguns exemplos nesse sentido (OECD, 2015b, p. 28).

Nada obstante o desenvolvimento dessa ação com algumas medidas a serem tomadas e o consequente maior enfoque dado às gigantes tecnológicas como prioridades[20], como foi perceptível que, além de inúmeras jurisdições não terem conseguido seguir de imediato as orientações originais, elas foram insuficientes para enfrentar as diversas questões tributárias existentes, foi preciso repensar em como seria possível acelerar a sua efetivação.

---

[18] https://www.euractiv.com/section/innovation-industry/news/google-apple-and-amazon-under-fire-in-oecd-war-on-tax-evasion/. Acesso em 20 de março de 2022.

[19] https://inews.co.uk/news/business/oecd-rules-tech-companies-shifting-profits-facebook-apple-amazon-348922. Acesso em 20 de março de 2022.

[20] "*Addressing the tax challenges raised by digitalisation is currently the top priority for the OECD/G20 Inclusive Framework and has been a key area of focus of the BEPS Project since its inception.*" In: https://www.oecd.org/tax/beps/beps-actions/action1/. Acesso em 20 de março de 2022.

De fato, quando referido plano foi publicado, havia a premissa (ou, ao menos, uma forte expectativa) de que o pacote de medidas proposto pela Organização diminuiria ou até mesmo eliminaria muitas das questões que ocasionavam a dupla não-tributação. Isso, contudo, não ocorreu e as multinacionais continuaram se eximindo do pagamento de tributos, em especial as grandes tecnológicas. Por isso, foi destacado ser interessante o desenvolvimento de um modelo de sistema (*blueprint*)[21] para uma melhor efetivação da Ação nº 1, pois, por ser uma simples recomendação e não uma obrigatoriedade a ser seguida, sua eficácia ficou reduzida.

Foi organizado então uma agenda a ser seguida pelos Estados-Membros para tornar mais rápida a efetivação dos ideais discutidos desde 2013. A linha do tempo[22] a seguir traz as principais ocorrências e suas respectivas datas:

---

[21] Como destacado pela própria OCDE, o objetivo da criação de um *blueprint* com foco na Ação 1 é estabilizar a estrutura tributária internacional de uma forma cooperada entre as jurisdições de modo a prevenir o desenvolvimento de medidas unilaterais das multinacionais tecnológicas: OECD (2020), *Cover Statement by the Inclusive Framework on the Reports on the Blueprints of Pillar One and Pillar Two*, OECD/G20 Base Erosion and Profit Shifting Project, OECD Publishing, Paris, http://www.oecd.org/tax/beps/cover-statement-by-the-oecd-g20-inclusive-framework-on-beps-on-the-reports-on-the-blueprints-of-pillar-one-and-pillar-two-october-2020.pdf. Acesso em 20 de março de 2022.

[22] A autora esbouçou tal linha do tempo segundo dados obtidos a partir da nota de rodapé nº 21, 2022.

Figura 1 - Linha do tempo acerca das discussões para implementação do Pilar 2

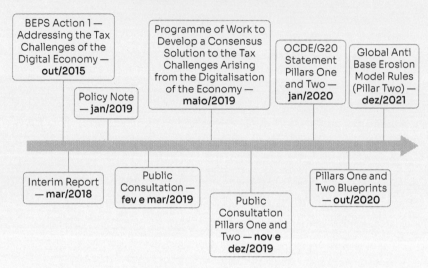

Como acima elucidado, de março/2018 a janeiro/2020, foram editados alguns documentos de suma importância, tais como o *Tax Challenges Arising from Digitalisation - Interim Report* (OECD, 2018), a *Policy Note*[23], bem como foram efetivadas diversas consultas públicas[24]. Dentre estas últimas, 2 (duas) foram extremamente relevantes: a *"Public Consultation - Secretariat Proposal for a Unified Approach under Pillar One"*, de novembro/2019, e a *"Public Consultation - Global Anti-Base Erosion (GloBE) Proposal under Pillar Two"*, de dezembro/2019.

O *Interim Report* foi o primeiro documento lançado após a publicação da Ação nº 1 e tratou-se de uma atualização do que foi efetivamente concretizado até aquele momento juntamente com os pontos em aberto que precisavam ser aprofundados e desenvolvidos. O documento, além de analisar o impacto significativo da digitalização e os principais desafios fiscais, evidenciou a necessidade de reforma do sistema tributário internacional (OECD, 2018, p. 16-18). Por fim, foi observado que, como não convergiram nas conclusões iniciais do

---

[23] https://www.oecd.org/tax/beps/policy-note-beps-inclusive-framework-addressing-tax-challenges-digitalisation.pdf. Acesso em 20 de março de 2022.

[24] https://www.oecd.org/tax/beps/public-consultation-document-addressing-the-tax-challenges-of-the-digitalisation-of-the-economy.pdf. Acesso em 20 de março de 2022.

trabalho em conjunto, uma atualização sobre o progresso do trabalho seria fornecida em 2019, com a entrega de um relatório final em 2020.

Com o *Policy Note*, editado em janeiro/2019, foi mencionado ser preciso uma subdivisão para agilizar a concretização da Ação nº 1. Foi assim que se iniciaram as discussões sobre 2 (dois) novos pilares a serem devidamente debatidos pela Organização. Para tanto, sugeriu-se que um deles focasse nos principais desafios da economia digital, com especial atenção à alocação do direito de tributar dos países, enquanto o outro analisasse outros aspectos do BEPS não abrangidos pelo primeiro.

Ademais, nada obstante a suma importância deles, foi amplamente salientado que, para que qualquer mudança fosse efetivamente realizada pelas jurisdições, uma análise minuciosa por todos os envolvidos deveria ser feita. Isso porque o consenso dos países em relação às sugestões dos pilares era imprescindível para o sucesso dos objetivos da OCDE. Passa-se, assim, de simples recomendações para ações efetivamente mandatórias.

Após os debates nos âmbitos do *Interim Report* e do *Policy Note*, a Organização, juntamente com o seu grupo específico de trabalho, o *"Task Force on the Digital Economy* (TFDE)"[25] abriu espaço para uma consulta pública. O objetivo era que todas as partes interessadas tivessem a oportunidade de fornecer seus *feedbacks*, sugestões e preocupações sobre um documento formal que englobasse as possíveis soluções para os desafios e problemas fiscais da economia digital[26].

A resposta das partes envolvidas contou com mais de 200 (duzentas) submissões escritas em um total de aproximadamente 2.000 (duas mil) páginas[27]. Houve, inclusive, um debate formal entre os envolvidos na reunião de consulta pública realizada no Centro de Conferências da OCDE em Paris em março/2019.

Ato contínuo, foi publicado o *"Programme of Work to Develop a Consensus Solution to the Tax Challenges Arising from the Digitalisation of the Economy"* (OECD, 2019a), que, além de continuar o aprofunda-

---

[25] https://www.europarl.europa.eu/cmsdata/152964/OCDE_powerpoint.pdf. Acesso em 20 de março de 2022.

[26] https://www.oecd.org/tax/beps/public-consultation-document-addressing-the-tax-challenges-of-the-digitalisation-of-the-economy.pdf. Acesso em 20 de março de 2022.

[27] www.oecd.org/tax/beps/public-comments-received-on-the-possible-solutions-to-the-taxchallenges-of-digitalisation.htm. Acesso em 21 de março de 2022.

mento no assunto, focou sua análise nos aspectos econômicos e na avaliação dos impactos decorrentes da implementação dos pilares. Com um amplo detalhamento deles, destacou que, somente com uma ação discutida e corroborada pelas jurisdições, evitar-se-á que as medidas unilaterais minimizem o sucesso e a adoção dos pilares por todos[28]. Pela sua importância, vale indicar a divisão feita no documento que serviu como base para as discussões que se sucederam.

Enquanto o capítulo I tratou apenas da "Introdução" onde se destacou o porquê da relevância do programa, o capítulo II tratou do "Pilar 1". Por não ser objeto do presente Estudo, cumpre verificar apenas o capítulo III cujo objeto foi o "Pilar 2" mais conhecido como a *"Global Anti-Base Erosion Proposal"* (GloBE). O documento ainda elucidou que no contexto de minimizar ou eliminar a transferência de lucros para países com baixa ou nula tributação, a OCDE, através desse pilar, visa a estabelecer regras para uma tributação mínima global baseada, em grande parte, na estrutura das regras CFC existentes (OECD, 2019a, p.12).

Após o detalhamento dos ideais do Pilar 2, os capítulos IV e V trataram, respectivamente, da análise econômica e dos próximos passos para efetivação dos planos propostos. Para tanto, o grupo de trabalho continuaria os estudos para o desenvolvimento de uma abordagem unificada em relação ao Pilar 1 e avançaria na análise de uma proposta GloBE final cujo prazo de entrega ocorreria em dezembro/2020 (OECD, 2019a, p. 36).

Conscientes da importância das sugestões externas, assim como feito anteriormente em março, no final de 2019 foram lançadas mais 2 (duas) consultas públicas sobre os pilares[29]. Especificamente sobre o Pilar 2, houve a submissão de mais de 180 (cento e oitenta) comentários formalizando um documento com 1.300 (mil e trezentas) páginas (OECD, 2020a).

---

[28] Nesse sentido, o item 11 do documento prescreve: *"the Inclusive Framework is therefore concerned that a proliferation of uncoordinated and unilateral actions would not only undermine the relevance and sustainability of the international framework for the taxation of cross-border business activities, but will also more broadly adversely impact global investments and growth."*

[29] https://www.oecd.org/tax/beps/public-consultation-meeting-secretariat-proposal-unified-approach-pillar-one-21-22-november-2019.htm e https://www.oecd.org/tax/beps/public-consultation-document-global-anti-base-erosion-proposal-pillar-two.pdf.pdf. Acesso em 21 de março de 2022.

Após todas essas discussões e conclusões iniciais, a OCDE e o G20 lançaram uma declaração conjunta sobre a questão, o *"Statement by the OECD/G20 Inclusive Framework on BEPS on the Two-Pillar Approach to Address the Tax Challenges Arising from the Digitalisation of the Economy"* (OECD, 2020a), que, em resumo, reiteraram o compromisso de se chegar a um consenso sobre o tema até o final de 2020. Com isso, em outubro, foram oficialmente publicados os *"Blueprints"* para ambos os pilares (OECD, 2020b).

Referidos documentos podem, portanto, ser definidos como a continuação do Projeto BEPS com foco no Plano de Ação nº 1 editados em razão de as recomendações originais terem se mostrado insuficientes para enfrentar os mais diversos desafios tributários referentes às grandes empresas de tecnologia. Com efeito, ainda que não seja objeto de estudo da presente obra, cumpre destacar que o *Blueprint* referente ao Pilar 1 focou sua análise na dificuldade em se estabelecer o nexo tributário para as atividades remotas digitais.

Isto é, referida diretiva está relacionada ao direito de tributar dos países em relação às atividades econômicas no âmbito digital que podem explorar mercados consumidores sem qualquer presença tributável naquela jurisdição. Já o *Blueprint* referente ao Pilar 2, escopo deste trabalho, é atingir outros aspectos do BEPS que não foram contemplados pelo Pilar 1, em especial a criação de alguma ação para um recolhimento mínimo tributário pelas grandes empresas.

Diante dessa divisão, com o Pilar 2, novas regras fiscais serão introduzidas para um grupo específico de contribuintes (aplicar-se-á às MNEs com receitas globais superiores a 750 milhões de euros) para garantir que haja o pagamento mínimo de impostos evitando, por conseguinte, a erosão da base tributária dos países e a transferência de valores para jurisdições com regimes fiscais privilegiados (OECD, 2020b, p. 44). Como um dos objetivos centrais, pode-se afirmar que, com as regras GloBE, haverá um maior equilíbrio no pagamento de impostos, já que um mínimo deverá ser recolhido pelas MNEs independentemente de eventuais planejamentos tributários que levem a uma redução da carga tributária das empresas.

Logo após o lançamento dos *Blueprints*, foi aberta nova consulta pública especificamente sobre os pontos ali levantados[30]. Inúmeros co-

---

[30] Tax and digital: OECD/G20 Inclusive Framework on BEPS invites public input on the Pillar One and Pillar Two Blueprints - OECD. Acesso em 20 de março de 2022.

mentários foram feitos, tais como eventuais sugestões para que as multinacionais recolham mais impostos e o que pode ser descrito como "baixa carga tributária"[31]. Para tanto, o grupo de trabalho estabeleceu o dia 14 de dezembro de 2020 como o prazo de recebimento das respostas e os dias 14 e 15 de janeiro de 2021 para a reunião de debate das propostas recebidas.

Após a análise das manifestações públicas, em julho/2021, foi publicado o *"Statement on a Two–Pillar Solution to Address the Tax Challenges Arising from the Digitalisation of the Economy"*, documento corroborado por 134 (cento e trinta e quatro) países, dentre eles, o Brasil, e que descreveu as principais questões do Pilar 2[32]. Uma nova declaração nesse mesmo sentido foi publicada em outubro/2021, confirmada por 137 (centro e trinta e sete) jurisdições[33] e que também descreveu os pontos envolvendo o Pilar 2[34], abaixo descritos:

- *Design* Geral: o Pilar Dois consiste basicamente em impor 2 (duas) regras domésticas interligadas (as Regras Globais de Combate à Erosão da Base Tributária – GloBE), que são a (i) Regra de Inclusão de Renda (IIR – *Income Inclusion Rule*) e a (ii) Regra de Pagamento de Tributação Reduzida (UTPR – *Undertaxed Payment Rule*). Cumpre destacar que os países não são obrigados a seguir as normas GloBE, mas, caso optem por assim fazer, deverão implementar e administrá-las de uma maneira que seja consistente com o objetivo de um recolhimento mínimo de impostos pelas multinacionais. Além disso, os Estados, ainda que apliquem internamente as suas GloBE, devem também aceitar a aplicação de outras regras nesse sentido impostas pelos demais membros devidamente destacados no "Quadro Inclusivo";

---

[31] Public Consultation Document on the Reports on the Pillar One and Pillar Two Blueprints (12 October - 14 December 2020) (oecd.org). Acesso em 20 de março de 2022.

[32] oecd-g20-inclusive-framework-members-joining-statement-on-two-pillar-solution-to-address-tax-challenges-arising-from-digitalisation-july-2021.pdf. Acesso em 20 de março de 2022.

[33] Members of the OECD/G20 Inclusive Framework on BEPS joining the Statement on a Two-Pillar Solution to Address the Tax Challenges Arising from the Digitalisation of the Economy. Acesso em 20 de março de 2022.

[34] Statement on a Two-Pillar Solution to Address the Tax Challenges Arising from the Digitalisation of the Economy – 8 October 2021 - OECD. Acesso em 20 de março de 2022.

- Escopo: foi reiterado que as regras GloBE não serão aplicadas de forma genérica a todos os contribuintes, mas, tão somente às MNEs que auferirem rendimentos a partir de 750 milhões de euros. Nada obstante, foi mencionado que as jurisdições poderão aplicar as normas de IIR às empresas sediadas em seu país ainda que elas não atinjam o referido limite;
- Forma de cálculo: com as regras GloBE, haverá a imposição de um imposto adicional, de modo que a alíquota mínima utilizada para fins das regras de IIR e de UTPR será de 15% (quinze por cento); e
- Implementação: após todas as discussões, mencionou-se que o Pilar 2 deverá ser aprovado em 2022 com entrada em vigor em 2023 (com exceção para a norma de UTPR cujo ano de vigência será a partir de 2024).

Finalmente, posteriormente a todas as discussões, em dezembro/2021, foi publicado o documento oficial acerca dos resultados da OCDE, o *"Tax Challenges Arising from the Digitalisation of the Economy – Global Anti-Base Erosion Model Rules (Pillar Two): Inclusive Framework on BEPS"* (OECD, 2021). Através dele, restou definido, com base nos itens acima descritos, o escopo e a mecânica para a aplicação de regras de tributação mínima global, que serão analisados a seguir.

1.2. O PILAR 2 E SEU CONCEITO INICIAL

Desde 2013, com a iniciativa da OCDE no que tange ao Projeto BEPS, o cenário internacional se concentrou em como resolver e/ou minimizar a problemática da dupla não-tributação da renda. Com a utilização de paraísos fiscais e estruturas sem substância e desprovidas de propósito negocial, o foco da Organização foi tentar contornar as manobras utilizadas por algumas multinacionais que ocasionaram um nulo ou irrisório pagamento de tributos (OECD, 2013, p.14).

As quinze medidas sugeridas pela Organização foram publicadas em 2015, dois anos após o início das discussões. Como, no entanto, as recomendações referentes à Ação nº 1 não foram suficientes para sanar os desafios fiscais trazidos com a digitalização da economia (OECD, 2015, p. 87)[35], novos estudos foram realizados objetivando concreti-

---

[35] Nesse sentido: *"Many of the key features of the digital economy, particularly those related to mobility, generate BEPS concern in relation to both direct and indirect taxes. For example, the importance of intangibles in the context of the digital economy, com-*

zar os planos iniciais para contenção da erosão da base tributária e da transferência artificial de lucros. Assim, em maio/2019, foi divulgado o novo plano de trabalho para o desenvolvimento de uma solução consensual entre as jurisdições, nomeado de "BEPS 2.0".

A atenção dada pela Organização aos problemas tributários específicos das MNEs do setor de tecnologia ocorreu em especial pela "desterritorialização" da economia, uma das principais consequências das estruturas corporativas criadas por elas, conforme exposto por NOVOA (2019, p. 93-94). O impacto nas receitas dos Estados se tornou cada vez mais forte e evidente colocando o desenvolvimento do Plano de Ação n° 1 como prioridade. Pela ampla mobilidade das empresas de tecnologia, não é preciso que se tenha qualquer presença física nos locais onde a renda é gerada, de modo que o estabelecimento em regiões com baixa carga tributária com o consequente pagamento irrisório de impostos mostrou a necessidade de uma rápida resposta e análise por parte da OCDE (2015, p. 102)[36].

Nesse sentido, a divisão dos pilares se fez importante. Enquanto o Pilar 1 propôs a expansão do nexo tributário nos países no qual existe atividade econômica remota[37], o objetivo central do Pilar 2, ao se es-

---

bined with the mobility of intangibles for tax purposes under existing tax rules, generates substantial BEPS opportunities in the area of direct taxes. The mobility of users creates substantial challenges and risks in the context of the imposition of value added tax (VAT). The ability to centralise infrastructure at a distance from a market jurisdiction and conduct substantial sales into that market from a remote location, combined with increasing ability to conduct substantial activity with minimal use of personnel, generates potential opportunities to achieve BEPS by fragmenting physical operations to avoid taxation."

36 *"Digital technology has, however, had significant impact on how these activities are carried out, for example by enhancing the ability to carry out activities remotely, increasing the speed at which information can be processed, analysed and utilised, and, because distance forms less of a barrier to trade, expanding the number of potential customers that can be targeted and reached. Digital infrastructure and the investments that support it can be leveraged today in many businesses to access far more customers than before. As a result, certain processes previously carried out by local personnel can now be performed cross-border by automated equipment, changing the nature and scope of activities to be performed by staff. Thus, the growth of a customer base in a country does not always need the level of local infrastructure and personnel that would have been needed in a "predigital" age".*

37 *"This option would create a taxable presence in a country when a non-resident enterprise has a significant economic presence in a country on the basis of factors that evidence a purposeful and sustained interaction with the economy of that country via technology and other automated tools. These factors would be combined with a factor based on the*

tabelecer um recolhimento mínimo de tributos por específicos contribuintes, é desencorajar a transferência de lucros para países onde haveria a possibilidade de se pagar menos impostos (OECD, 2019a, p. 6)[38].

Apesar da ideia global de se instituir uma complementação ao baixo pagamento de impostos poder, a princípio, diminuir o poder dos Estados, a soberania, como um todo, não sofrerá grandes impactos com eventuais mudanças internacionais. Isso porque foi devidamente definido que eles continuarão seguindo suas próprias legislações tributárias e poderão optar pelas alíquotas que assim preferirem – sejam altas ou baixas – a fim de incentivar que as empresas se estabeleçam em seu território (OECD, 2019a, p. 19). Com o Pilar 2, no caso de os locais de residência das subsidiárias possuírem carga tributária reduzida, i.e. abaixo de 15%, o país-sede da controladora poderá, entretanto, cobrar a diferença entre a alíquota do local com tributação reduzida e a alíquota mínima global[39].

Em outras palavras, caso um rendimento não seja devidamente tributado em uma jurisdição – ou tributado abaixo de 15% – ele necessariamente será taxado no outro como forma a amenizar a erosão tributária sofrida pelo baixo recolhimento de imposto. Com efeito, ainda que as subsidiárias estejam estabelecidas em paraísos fiscais, a alíquota fixa de 15% evitaria a escolha por lugares isentos de tributação, pois o

---

revenue derived from remote transactions into the country, in order to ensure that only cases of significant economic presence are covered, limit compliance costs of the taxpayers, and provide certainty for cross-border activities.".

38 *"Pillar Two focuses on the remaining BEPS issues and seeks to develop rules that would provide jurisdictions with a right to "tax back" where other jurisdictions have not exercised their primary taxing rights or the payment is otherwise subject to low levels of effective taxation."*

39 O Professor Schoueri, contudo, não compartilha esse pensamento: *"From a conceptual perspective, the very idea of a minimum tax rate of 15% is unclear. Already in the "Cover Statement by the OECD/G20 Inclusive Framework on BEPS on the Reports on the Blueprints of Pillar One and Pillar Two", one reads that there is an acknowledgment "that jurisdictions are free to determine their own tax systems, including whether they have a corporate income tax and the level of their tax rates". This idea, however, is immediately contradicted by the statement that other jurisdictions would have the right to apply the remedies envisaged in Pillar Two where income is taxed below the agreed minimum rate."* In: OECD/International - Some Considerations on the Limitation of Substance-Based Carve-Out in the Income Inclusion Rule of Pillar Two. Issue: Bulletin for International Taxation, 2021 (Volume 75), No. 11/12. Published online: 25 November 2021.

pagamento de tributos sempre ocorrerá. Desse modo, por exemplo, se uma MNE residente em um país A controlar empresas localizadas no país B que tribute somente 5% dos seus lucros, é possível que A imponha uma tributação complementar e arrecade para si os 10% restantes referentes à alíquota mínima global.

Essa ideia inicial inovou no cenário internacional. Diferentemente das regras genéricas anti-evasão, com o projeto inicial do Pilar 2, o simples fato da instalação de uma subsidiária em locais com baixa tributação ensejaria o pagamento de um imposto complementar pelas multinacionais. Esse recolhimento, por sua vez, preservaria a base tributária dos Estados evitando, consequentemente, planejamentos abusivos que visassem somente o desvirtuamento das normas fiscais e o estabelecimento de empresas controladas em locais com baixa tributação.

Foi ressaltado, contudo, que essa imposição não será obrigatória a todos os contribuintes. Dessa maneira, apenas as empresas que aufiram lucro superior a 750 milhões de euros (OECD, 2021)[40] e que possuem subsidiárias estrangeiras que recolham imposto abaixo do mínimo global serão as partes obrigatórias do Pilar 2. Há que se destacar, inclusive, que a verificação de quem são os efetivos contribuintes da nova Diretiva é simples, podendo ser facilmente obtida pela análise do *Country-by-Country Report* (CbCR)[41], de modo que este relatório adquire uma função relevante complementar para a concretização dos objetivos da OCDE no que se refere às normas GloBE.

Com o conceito inicial, objeto e contribuintes devidamente delimitados, a seguir, passa-se a trazer as especificidades para se chegar à concretização da obrigatoriedade do imposto mínimo global a ser recolhido pelas MNEs.

---

[40] "*Article 1.1. Scope of GloBE Rules*

1.1.1. The GloBE Rules apply to Constituent Entities that are members of an MNE Group that has annual revenue of EUR 750 million or more in the Consolidated Financial Statements of the Ultimate Parent Entity (UPE) in at least two of the four Fiscal Years immediately preceding the tested Fiscal Year. Further rules are set out in Article 6.1 which modify the application of the consolidated revenue threshold in certain cases."

[41] O Relatório *Country-by-Country* também faz parte do plano de ação da OCDE a evitar a erosão da base tributária pelas multinacionais. Através dele, são fornecidas as principais informações das empresas, tais como a receita auferida, o imposto pago e acumulado e as atividades econômicas exercidas nas diversas jurisdições em que há operação. Para um maior detalhamento: https://www.oecd.org/tax/beps/beps-actions/action13/. Acesso em 28 de junho de 2022.

1.3. A ESTRUTURA DO PILAR 2[42]

Como mencionado, as regras GloBE visam a garantir que um grupo específico de multinacionais pague um nível mínimo de imposto sobre o lucro proveniente de cada jurisdição onde estejam situadas e em operação. Isso ocorrerá mediante a imposição de um imposto suplementar, conhecido como a *top-up tax*, que recairá sobre tais montantes gerados em Estados cuja alíquota efetiva do imposto recolhido for inferior ao mínimo de 15%.

De início, o artigo 1 do documento oficial da OCDE traz o escopo do Pilar 2, tendo como foco as grandes empresas cujas receitas financeiras sejam superiores a 750 milhões de euros. Serão, portanto, sobre esses contribuintes que haverá a incidência de um patamar mínimo de tributação. No entanto, apesar dessa limitação inicial, vale destacar que os Estados não são obrigados a seguir essa orientação e podem livremente alterá-la a fim de captar um maior número de contribuintes.

Para fins de descrição acerca do conceito de Grupo Multinacional (*MNE Group*), Grupo (*Group*) e Entidade (*Entity*) os artigos 1.2 a 1.4 devem ser analisados[43]. Sucintamente, é mencionado que deve haver pelo menos uma entidade ou estabelecimento permanente que não es-

---

[42] Os dispositivos citados ao longo desse tópico podem ser consultados diretamente em https://www.oecd-ilibrary.org/taxation/tax-challenges-arising-from-digitalisation-of-the-economy-global-anti-base-erosion-model-rules-pillar-two_782bac33-en. Acesso em 20 de março de 2022.

[43] "1.2.1. An MNE Group means any Group that includes at least one Entity or Permanent Establishment that is not located in the jurisdiction of the Ultimate Parent Entity.

1.2.2. A Group means a collection of Entities that are related through ownership or control such that the assets, liabilities, income, expenses and cash flows of those Entities: (a) are included in the Consolidated Financial Statements of the Ultimate Parent Entity; or (b) are excluded from the Consolidated Financial Statements of the Ultimate Parent Entity solely on size or materiality grounds, or on the grounds that the Entity is held for sale.

1.2.3. A Group also means an Entity that is located in one jurisdiction and has one or more Permanent Establishments located in other jurisdictions provided that the Entity is not a part of another Group described in Article 1.2.2.

1.3.1. A Constituent Entity is: (a) any Entity that is included in a Group; and (b) any Permanent Establishment of a Main Entity that is within paragraph (a).

1.4.1. Ultimate Parent Entity means either: (a) an Entity that: i. owns directly or indirectly a Controlling Interest in any other Entity; and ii. is not owned, with a Controlling Interest, directly or indirectly by another Entity; or (b) the Main Entity of a Group that is within Article 1.2.3."

teja localizado na jurisdição da Entidade Controladora Final. Ou seja, trata-se da existência de, no mínimo, uma situação bilateral no qual as empresas sejam conectadas por participação societária ou controle acionário.

Da mesma forma que o artigo 1º trata do alvo do Pilar 2 e descreve os contribuintes que deverão observar as normas GloBE, ele traz também as suas exceções. O dispositivo 1.5 elenca taxativamente as Entidades Excluídas (*Excluded Entities*) tais como os fundos de investimento, de pensão e soberanos, as entidades governamentais, as organizações internacionais e as organizações sem fins lucrativos. Para esse grupo, independentemente da situação que se encontre, i.e., localizado em países com baixa ou nula tributação, o recolhimento tributário mínimo não será imputado a ele.

Identificadas, portanto, quais são as entidades que estarão submetidas aos efeitos do Pilar 2 e as respectivas jurisdições em que estejam localizadas, deve-se verificar se a tributação a que essas pessoas estejam efetivamente sujeitas observa o limite mínimo de 15%. Desse modo, deve-se iniciar o cômputo da alíquota efetiva incidente sobre as entidades que levará em consideração os tributos incidentes sobre a renda ou lucros dessas pessoas e, com isso, no que tange às operações das MNEs, se a alíquota de um determinado país estiver abaixo do mínimo, as regras do Pilar 2 serão aplicadas e deverá haver o pagamento de um imposto complementar para alcançar o estabelecido com a nova diretiva.

Essa complementação é originada pela "Regra de Inclusão de Renda" (*Income Inclusion Rule* – IIR)[44] e haverá a sua imposição obrigatória nos casos em que uma empresa controlada esteja situada em uma localida-

---

[44] De acordo com documento oficial sobre o Pilar 2 (OECD, 2021):

"*Article 2.1. Application of the IIR*

2.1.1. A Constituent Entity, that is the Ultimate Parent Entity of an MNE Group, located in [insert name of implementing-jurisdiction] that owns (directly or indirectly) an Ownership Interest in a Low Taxed Constituent Entity at any time during the Fiscal Year shall pay a tax in an amount equal to its Allocable Share of the Top-Up Tax of that Low-Taxed Constituent Entity for the Fiscal Year.

2.1.2. An Intermediate Parent Entity of an MNE Group located in [insert name of implementing jurisdiction] that owns (directly or indirectly) an Ownership Interest in a Low-Taxed Constituent Entity at any time during a Fiscal Year shall pay a tax in an amount equal to its Allocable Share of the TopUp Tax of that Low-Taxed Constituent Entity for the Fiscal Year."

de de baixa tributação. Assim, aplicar-se-á a *top-up tax* à sua controladora em razão de um recolhimento tributário abaixo do mínimo global pela subsidiária estrangeira[45].

Apesar de o reduzido pagamento do imposto ocorrer no Estado de Residência da controlada, o recolhimento complementar não ocorrerá nessa localidade, mas sim, no Estado de Residência da controladora. Dessa forma, sobre o lucro da subsidiária será aplicada a alíquota complementar e a *top-up tax* servirá para aumentar o imposto pago pela Matriz Final (*Ultimate Parent Entity*), conforme esquema a seguir[46]:

Figura 2 - Regra de Inclusão de Renda

País A — Controladora ou Ultimate Parent Entity — Top-Up Tax: 100 X (15% – 10%) = 5

IIR

País B
Alíquota efetiva: 10%
Lucro: 100 — Subsidiária

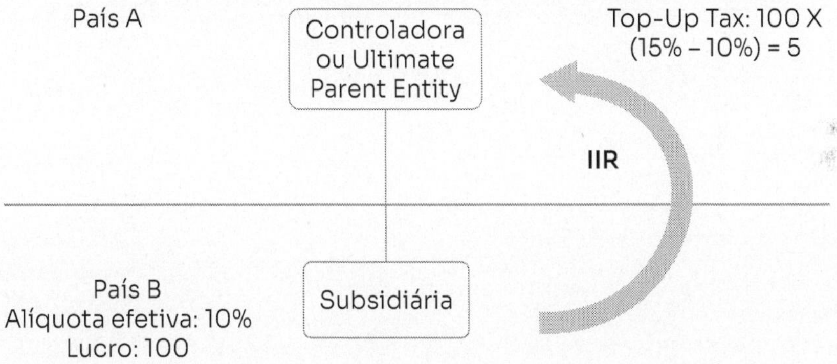

Há que se destacar também a "Regra de Pagamento de Tributação Reduzida" (*Undertaxed Payment Rule* – UTPR)[47], que é adicional à IIR e igualmente impõe uma tributação suplementar ao impedir ou limitar a dedução de determinadas receitas ou ajustes fiscais para uma entidade controlada que não esteja sujeita ao alcance da Regra de Inclusão de Renda. Dessa forma, a UTPR alcançará os pagamentos feitos para investidas que estejam localizadas em jurisdições com a tributação abaixo

---

[45] Toda a metodologia de aplicação do IIR também pode ser verificada no item 6 do "*Tax Challenges Arising from Digitalisation – Report on Pillar Two Blueprint: Inclusive Framework on BEPS*" (OECD, 2020).

[46] Tal figura foi feita pela própria Autora para melhor visualização dos efeitos da IIR.

[47] "*2.4.1. Constituent Entities of an MNE Group located in [insert name of implementing-Jurisdiction] shall be denied a deduction (or required to make an equivalent adjustment under domestic law) in an amount resulting in those Constituent Entities having an additional cash tax expense equal to the UTPR Top-up Tax Amount for the Fiscal Year allocated to that jurisdiction.*"

do mínimo global, impedindo que tais remessas diminuam a base tributária da controladora.

Isso ocorre, uma vez que o montante que seria dedutível no país da entidade pagadora e subtributado no outro Estado, volta a compor a base tributável daquela[48]. Nas palavras da OCDE[49]:

> A regra de UTPR aloca impostos adicionais de entidades constituintes de baixa tributação, incluindo aquelas localizadas na jurisdição da entidade mãe. As regras GloBE estabelecem a exclusão da regra de UTPR para as MNEs em fase inicial da sua atividade internacional, definidas como as MNEs que tenham um máximo de 50 milhões de euros de ativos tangíveis no exterior e que operem em, no máximo, 5 outras jurisdições. Essa exclusão está limitada ao período de 5 anos após a entrada da MNE no âmbito das regras do GloBE. Para as MNEs que estão no escopo das regras GloBE quando elas entrem em vigor, o período de 5 anos terá início a partir do momento em que as regras UTPR entrem em vigor.

A IIR e a UTPR, portanto, são regras complementares à medida que submeterão a empresa-mãe ou a uma tributação complementar, tendo em vista o baixo recolhimento de impostos das suas subsidiárias, ou à impossibilidade de dedução de certos montantes, uma vez que os pagamentos ocorreram para investidas localizadas em países com carga tributária reduzida ou nula. Consequentemente, com esses mecanismos, minimizar-se-á os efeitos de estruturas criadas com intuito de se eximir do pagamento de tributos.

Como normas interligadas, na prática, a Regra de Inclusão de Renda impõe primeiramente o imposto complementar na entidade controladora. No caso da impossibilidade da aplicação do IIR, a UTPR é

---

[48] Da mesma maneira, toda a metodologia de aplicação do UTPR pode ser verificada no item 7 do documento mencionado na nota de rodapé 45, aqui brevemente destacado:

51. *"Article 2.4.1 does not prescribe how the UTPR Top-up Tax Amount is allocated among the Constituent Entities that are located in the UTPR Jurisdiction. The allocation among the Constituent Entities within a UTPR Jurisdiction should be addressed under that UTPR Jurisdiction's domestic law, which would ensure that such allocation mechanism is best coordinated with other existing domestic tax rules. The UTPR Jurisdiction may provide in its domestic law that the UTPR adjustment is imposed on only one Constituent Entity or several Constituent Entities that are located in the jurisdiction. For instance, several Constituent Entities may, for domestic tax purposes, belong to the same tax consolidated group such that the most straightforward way of making the adjustment required under the UTPR is at the level of the local tax consolidated group rather than on an entity-by-entity basis.".*

[49] Statement on a Two-Pillar Solution to Address the Tax Challenges Arising from the Digitalisation of the Economy – 8 October 2021 - OECD. p. 4.

a regra secundária a ser verificada[50]. Isso significa que, no caso de a controladora residir em um local que não atinja a alíquota mínima de 15% ou que não possua a IIR em sua legislação doméstica, a tributação complementar poderá observar a Regra de Pagamento de Tributação Reduzida.

Em outras palavras, a UTPR somente será aplicada se já não houve a imposição de imposto complementar pela IIR, pois, ao aceitar a concomitância das duas, acarretar-se-á dupla tributação da renda[51]. Destarte, ao se negar deduções[52] ou quaisquer ajustes que reduziriam ainda mais a base tributária, a Regra de Pagamento de Tributação Reduzida serve como uma segunda possibilidade de combate ao BEPS trazida como um dos métodos das regras GloBE.

Não há ainda uma explicação fechada sobre a correlação desses 2 (dois) métodos, ainda que não devam ser utilizados juntamente, como acima explicado. Nada obstante, para facilitar o entendimento quanto

---

[50] *"The IIR has priority over the UTPR:*

No top-up tax shall be allocated under the UTPR if that low-tax Constituent Entity is controlled, directly or indirectly by a foreign Constituent Entity that is subject to an IIR which has been implemented in accordance with the GloBE rules. A top-up tax may be allocated under the UTPR from Constituent Entities located in the UPE jurisdiction if the MNE's ETR in that jurisdiction is below the agreed minimum rate." In: https://www.oecd-ilibrary.org/sites/33895d4d-en/index.html?itemId=/content/component/33895d4d-en. Acesso em 28 de junho de 2022.

[51] *"Article 2.3.2*

Overview of the UTPR

41. The UTPR provides a mechanism for making an adjustment in respect of the Top-up Tax that is calculated for an LTCE to the extent that such Top-up Tax is not brought within the charge of a Qualified IIR."

[52] *"Article 2.4 – Application of the UTPR*

44. Denying a taxpayer a deduction generally increases the cash tax expense for that taxpayer by increasing the net income subject to tax in that jurisdiction. The increase in the tax payable as a result of the denial of a deduction is an amount equal to the taxpayer's rate of tax multiplied by the amount of the payment (or other expense) for which the deduction was denied. If the UTPR in a jurisdiction relies on a denial of deduction mechanism, then the amount of deductions that need to be denied under the rule can be determined by dividing the UTPR Top-up Tax Amount allocated to the jurisdiction under Article 2.6 by the taxpayer's applicable rate of tax on such income. For instance, if a Constituent Entity located in a UTPR Jurisdiction is allocated UTPR Top-up Tax Amount of 10 and the CIT rate is 25%, then denying the deduction for an otherwise deductible payment of 40 (= 10 / 25%) results in an incremental cost equal to the UTPR Top-up Tax Amount allocated under the rule (40 x 25% = 10)."

à aplicação da UTPR, a própria OCDE no *Blueprint*[53] do Pilar 2 descreve o passo a passo da sua aplicação. Para tanto, o exemplo[54] dado refere-se a uma controladora (P Co) residente no país P e que possui subsidiárias (A1 Co, B Co, C Co – todas controladas diretas – A2 Co e D Co – ambas controladas indiretas) em outras jurisdições (A, B, C e D).

Em P (que não possui a IIR em sua legislação interna), A (país de residência de A1 Co e A2 Co) e B (país de residência de B Co), a alíquota efetiva está acima do mínimo requerido pelo Pilar 2 e, nestes 2 (dois) últimos países, há a UTPR. C (que não possui a IIR em sua legislação interna) e D são jurisdições com baixa carga tributária. Pagamentos foram efetuados de A1 Co para C Co (750), de A2 Co para D Co (100) e B Co fez pagamentos à C Co (250) e à D Co (200). O esquema[55] a seguir sintetiza esses pontos:

Figura 3 - Aplicação da Regra de Pagamento de Tributação Reduzida

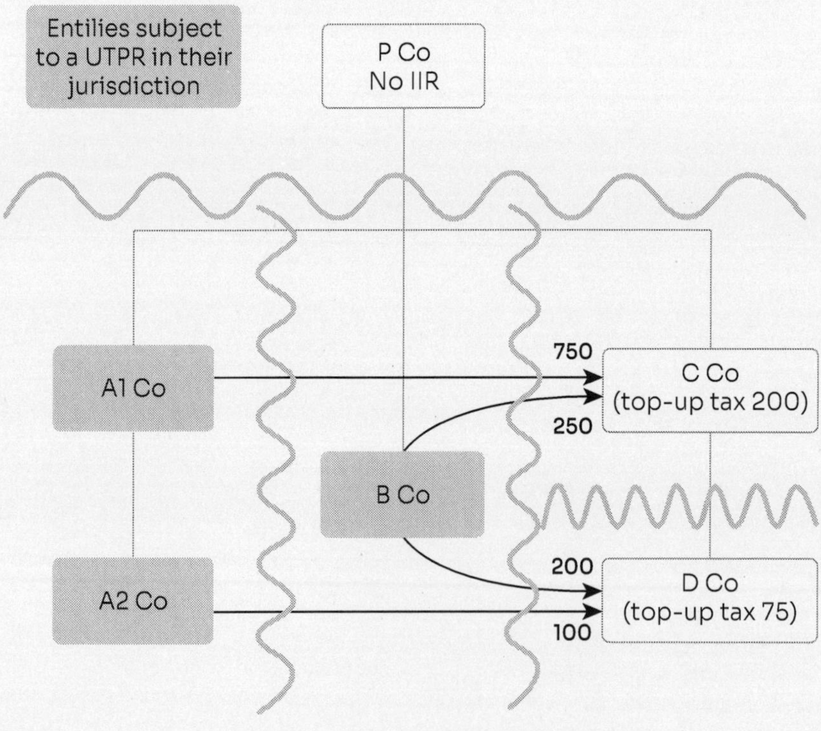

---

53 Vide nota 21.

54 p. 225-228 do *Blueprint*.

55 Vide p. 225 do *Blueprint*.

Considerando a estrutura acima e para a aplicação da UTPR onde existam subsidiárias em vários Estados com baixa carga tributária, o primeiro passo é verificar os pagamentos recebidos pelas últimas entidades do grupo. Nesse caso hipotético, deve-se considerar a C Co (que recebeu 1000) e a D Co (que recebeu 300). Tem-se, pois, o seguinte[56]:

UTPR Taxpayers	Amount of direct payments made to C Co	Proportion of direct payments
A1 Co	750	$\frac{750}{1000} = 75\%$
B Co	250	$\frac{250}{1000} = 25\%$
Total	**1000**	**100%**

O exemplo também afirma que o valor do imposto complementar em relação a C Co é 200[57] e, desse modo, para se calcular o montante a ser pago pelas entidades pagadoras, i.e., A1 Co e B Co, no que tange à observância do UTPR, deve-se multiplicar a proporção de cada uma delas pelo valor da *top-up tax*:

UTPR Taxpayers	Propotion of direct payments	Allocated top-up tax
A1 Co	75%	75% x 200 = 150
B Co	25%	25% x 200 = 50
Total	**100%**	**200**

Como houve também pagamentos para a D Co, o mesmo raciocínio deve ser feito para esta subsidiária, de modo que a UTPR produzirá os seguintes efeitos:

---

56 Vide p. 226 do *Blueprint*.

57 Segundo o caso hipotético, o valor do *top-up tax* já foi pré-determinado em 200 para a C Co e 75 para a D Co: "2. *This MNE's jurisdictional ETR in jurisdictions C and D are below the minimum rate. A top-up tax is computed in relation to the profits made in these two jurisdictions. The top-up tax amounts to 200 and 75 in relation to the profits made in jurisdictions C and D respectively. There is no income inclusion rule that applies in relation to the profits made in jurisdictions C and D because jurisdictions P and C have not implemented the income inclusion rule.* p. 225.

- proporção dos pagamentos efetuados:

UTPR Taxpayers	Amount of direct payments made to D Co	Proportion of direct payments
A2 Co	100	$\frac{100}{300} = 33,33\%$
B Co	200	$\frac{200}{300} = 66,66\%$
Total	**300**	**100%**

- alocação do imposto complementar:

UTPR Taxpayers	Propotion of direct payments	Allocated top-up tax
A2 Co	33,33%	33,33% x 75 = 25
B Co	66,66%	66,66% x 75 = 50
Total	**100%**	**75**

Após o cômputo para cada empresa pagadora, verifica-se que, em razão da Regra de Pagamento de Tributação Reduzida, haverá um incremento no recolhimento de A1 Co, A2 Co e B Co, como elucidado a seguir:

UTPR Taxpayers	Top-up tax allocated in relation to the profits made in jurisdiction C	Top-up tax allocated in relation to the profits made in jurisdiction D	Total top-up tax
A1 Co	150	n.a.	150
A2 Co	n.a.	25	25
B Co	50	50	100
Total	**200**	**75**	**275**

Apesar de ser uma regra que, a princípio, visa a complementar o caixa estatal, a UTPR tem sido questionada, em especial por uma suposta violação aos tratados celebrados pelas jurisdições. Nesse sentido, é o que sintetiza o Partido Republicano dos Estados Unidos abaixo descrito[58]:

> Under the 2020 Pillar Two Blueprint, the UTPR, formerly known as the undertaxed payments rule, targeted base erosion by disallowing deductions on payments made by an entity to a low-taxed affiliate. There was a clear connection between the jurisdiction asserting tax and the business activities of the taxpayer. As we have previously highlighted, the UTPR negoti-

---

[58] SFC-SFRC-WM-R letter to Secretary Yellen (senate.gov). Acesso em 08 de janeiro de 2023.

ated by this Administration – and sprung on the world when the Model Rules were released in December 2021 – is far more expansive.
Now commonly known as the undertaxed profits rule, the UTPR would allow a jurisdiction to reallocate income and collect tax from entities that have no nexus to that jurisdiction. Foreign countries could collect tax from U.S. activities with which there is no economic or transactional connection. This type of extraterritorial taxation is not permitted under Article 7 (or any other Article) of U.S. bilateral tax treaties."

A bem da verdade, não apenas a UTPR é objeto de amplo debate acerca desse ponto. Alguns especialistas[59] argumentam que tanto a aplicação da UTPR como da IIR pode ser vista como uma violação dos tratados contra a dupla tributação, uma vez que essas regras, por limitarem o direito das empresas de deduzirem despesas legítimas, resultam em dupla tributação.

Por outro lado, outros estudiosos afirmam o oposto. Para tanto, afirmam que a UTPR e a IIR são medidas legítimas para combater a evasão fiscal e garantir que as empresas paguem a sua justa parcela de impostos em cada país em que operam. Com efeito, explicam que a aplicação dessas regras dependerá das disposições específicas dos tratados contra a dupla tributação e das circunstâncias de cada caso[60].

Além desses 2 (dois) métodos, cumpre mencionar também a "Regra da Sujeição à Tributação" (*Subject to Tax Rule* – STTR), cuja essência é muito semelhante à UTPR, porém, específica para tratados celebrados. Com ela, os Estados Fontes podem tributar certos pagamentos ocorridos entre partes relacionadas que foram taxados abaixo da alíquota

---

[59] WILDE, Maarten de. *Why Pillar Two Top-Up Taxation Requires Tax Treaty Modification*. In: https://kluwertaxblog.com/2022/01/12/why-pillar-two-top-up-taxation-requires-tax-treaty-modification/. CHAND, Vikram; TURINA, Alessandro; ROMANOVSKA, Kinga, *Tax Treaty Obstacles in Implementing the Pillar Two Global Minimum Tax Rules and a Possible Solution for Eliminating the various challenges* (November 19, 2021). Available at SSRN: https://ssrn.com/abstract=3967198 or http://dx.doi.org/10.2139/ssrn.3967198. Acesso em 08 de janeiro de 2023.

[60] CHRISTIANS, Allison; SHAY, Stephen E. *The Consistency of Pillar 2 UTPR With U.S. Bilateral Tax Treaties*. In: https://www.taxnotes.com/featured-analysis/consistency-pillar-2-utpr-us-bilateral-tax-treaties/2023/01/20/7fvmc. DINIZ, Tarcísio Magalhães; CHRISTIANS, Allison. *Why Data Giants Don't Pay Enough Tax* (January 30, 2023). Harvard Law & Policy Review, Forthcoming, Available at SSRN: https://ssrn.com/abstract=4342650 or http://dx.doi.org/10.2139/ssrn.4342650. Acesso em 08 de janeiro de 2023.

global mínima ou isentos de qualquer recolhimento de impostos ante às previsões estabelecidas nos TDTs[61].

Com efeito, o foco da STTR são as estruturas bilaterais que utilizam os tratados para favorecer a transferência de valores para jurisdições com baixas alíquotas, de modo que os pagamentos efetuados e que não foram devidamente tributados passarão a ser[62]. Essa é a diferença crucial em relação à UTPR.

Com a STTR, no caso de haver subtributação de determinadas rendas, tais como os juros e os *royalties*[63], o outro Estado poderá tributar esses rendimentos[64]. Como mais uma regra global anti-erosão, a sua lógica é privilegiar os Estados Fontes que deixaram de exercer a sua competência tributária face ao estipulado nos TDTs. Com essa nova situação, será garantida a essas jurisdições que, ao menos, um mínimo de imposto seja recolhido recompondo as suas bases tributárias. Consequentemente, com essa nova possibilidade, o Estado de Residência deverá isentar ou creditar o tributo adicional para que não ocorra a dupla tributação da renda.

Não há, contudo, previsão específica para aplicação da STTR. A orientação da OCDE é no sentido de que os países podem optar pela melhor

---

[61] "567. (...) *Specifically the STTR targets those cross-border structures relating to intra-group payments that exploit certain provisions of the treaty in order to shift profits from source countries to jurisdictions where those payments are subject to no or low rates of nominal taxation. By restoring taxing rights to the source state in these cases, the STTR is designed to help source countries to protect their tax base, notably those with lower administrative capacities.*" In: https://www.oecd-ilibrary.org/docserver/c65c7c20-en.pdf?expires=1675717839&id=id&accname=guest&checksum=9F4D8589CFC29D0342DCDAE34BDD6F3. Acesso em 28 de junho de 2022. p. 150.

[62] Seguindo a mesma lógica de análise quanto à IIR e à UTPR, a metodologia e conceitos detalhados acerca da STTR pode ser verificada no item 9 do documento: https://www.oecd-ilibrary.org/docserver/c65c7c20-en.pdf?expires=1675717839&id=id&accname=guest&checksum=9F4D8589CFC29D0342DCDAE34BDD6F3. Acesso em 28 de junho de 2022. p. 150-169.

[63] Blueprint: "589. *The STTR will apply to payments of interest and royalties.*"

[64] Blueprint: "591. *In addition to payments of interest and royalties, the STTR would therefore apply to the following categories of payments primarily based on these mobile features: a. A franchise fee or other payment for the use of or right to use intangibles in combination with services; b. Insurance or reinsurance premium; c. A guarantee, brokerage or financing fee; d. Rent or any other payment for the use of or the right to use moveable property; e. An amount paid to or retained by the payee that is consideration for the supply of marketing, procurement, agency or other intermediary services.*"

forma de observar a regra, desde que ela seja aplicada no caso de pagamentos efetuados para jurisdições que não observam o mínimo global.

Para tanto, os Estados poderão: (i) aplicar uma alíquota preferencial aos pagamentos efetuados a título de *royalties*; (ii) excluir da tributação certa porcentagem desse tipo de pagamento; (iii) aplicar uma alíquota menor; ou (iv) permitir, às empresas residentes, uma dedução presumida[65]. Caberá às próprias jurisdições definirem a melhor forma de observância da STTR.

Com o documento *"Statement on a Two-Pillar Solution to Address the Tax Challenges Arising from the Digitalisation of the Economy"* (OECD, 2020a, p. 5), a STTR foi descrita da seguinte forma:

> Os membros do Quadro Inclusivo reconhecem que a regra STTR é parte integrante da obtenção de um consenso sobre o Pilar Dois para os países em desenvolvimento. Os membros do Quadro Inclusivo que aplicam alíquotas nominais de imposto de renda de pessoa jurídica abaixo da alíquota mínima da regra STTR para juros, royalties e um conjunto definido de outros pagamentos implementariam a regra STTR em seus tratados bilaterais com membros em desenvolvimento do Quadro Inclusivo quando solicitados a fazê-lo.
>
> O direito de tributação será limitado à diferença entre a alíquota mínima e a alíquota do imposto sobre o pagamento. A alíquota mínima para a regra STTR será de 9%.

Isso significa que os países podem exigir que outras jurisdições que possuam TDTs entre si e que tenham assinado o documento acima mencionado possam atualizar as convenções nesse sentido. Consequentemente, a STTR será aplicada diminuindo o percentual de 9% da alíquota nominal do outro Estado, conforme ilustração a seguir[66]:

---

65 *Blueprint*: "640. *For example, where a company in State X receives foreign source royalty income, State X might (a) apply a preferential tax rate to that royalty payment; (b) exclude a certain percentage of the royalty payment from taxation; (c) apply tax at a low rate, but to an amount that is greater than the income; (d) allow resident companies a deduction for deemed expenditure associated with payments of that character that is in addition to or calculated independently of the payee's actual expenditure. In all these cases this approach would calculate the rate of tax on the payment by reference to the proportion of the payment that is subject to tax after taking into account the exclusion or deduction from the payment."*

66 Tal figura foi feita pela própria Autora para melhor visualização dos efeitos da STTR.

Figura 4 - Aplicação da Regra da Sujeição à Tributação

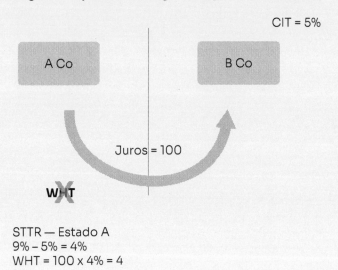

STTR — Estado A
9% – 5% = 4%
WHT = 100 x 4% = 4

No entanto, é importante esclarecer que a aplicação da STTR não traz uma automática retenção na fonte pelos Estados. Para que seja possível a imposição tributária, as jurisdições precisam internalizar essa previsão nas suas respectivas legislações e convenções. Cumpre mencionar também que essa possibilidade não está intrinsicamente ligada ao Pilar 2, de modo que os países já podem estabelecer em suas normas domésticas a Regra da Sujeição à Tributação.

Quanto à interação com a IIR e a UTPR, vale também destacar os exemplos trazidos pela OCDE. Em relação à Regra de Inclusão de Renda, o esquema[67] feito faz referência a um grupo empresarial composto por 4 (quatro) entidades localizadas em 3 (três) diferentes jurisdições. O Estado de Residência da Matriz Filial (Hold Co) observa a IIR e ela controla diretamente a B Co1, localizada no país B, e a C Co1, residente no país C. C Co1 detém a propriedade de um valioso intangível e o licencia para B Co1, recebendo, por essa operação, o valor de 100.

---

[67] *Blueprint.* p. 243-244.

O Estado C, por sua vez, apesar de possuir alíquota nominal de 25%, possui um regime preferencial que isenta 80% dos pagamentos feitos a título de *royalties*. Esclareça-se, outrossim, que C Co1 recebe outros valores de terceiros (100) enquanto a Hold Co e a B Co1 não geram lucro. Por fim, B e C possuem um TDT que contêm a previsão da STTR. A cadeia societária e a operação foram assim sintetizadas[68]:

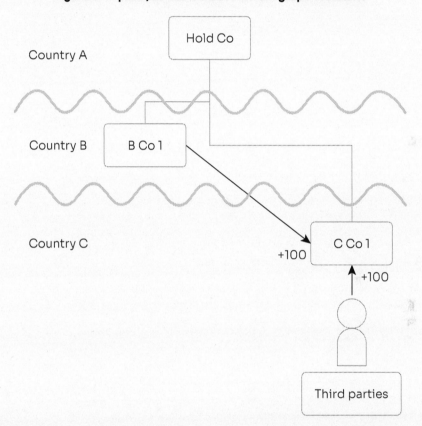

Figura 5 - Aplicação dos métodos em um grupo societário

---

[68] *Blueprint*. p. 243.

Para a aplicação do Pilar 2 e considerando a interação entre a IIR e a STTR, uma vez que o TDT entre os países B e C possui a previsão da STTR, o imposto complementar que o país B deverá recolher é de 2.5. Como B Co1 não gerou lucro e, tendo em vista que C Co1, além de residir em uma jurisdição abaixo do mínimo global obteve lucro de 200, o imposto complementar que o país A, que não contém a STTR, mas sim a IIR, e considerando o disposto no art. 4º[69], deverá recolher é de 2.5, conforme explicação a seguir[70]:

---

[69] "Article 4.2 - Definition of Covered Taxes

22. *Article 4.2 sets out the definition of Covered Taxes that are taken into account in the determination of Adjusted Covered Taxes under Article 4.1. The definition of Covered Taxes is developed solely for the purposes of the GloBE Rules and has no direct interaction with Article 2 (Taxes Covered) of the OECD Model Tax Convention (OECD, 2017), which defines the taxes within the scope of the Convention. Taxes that do not qualify for the definition of Covered Taxes under the GloBE Rules, such as excise taxes and payroll taxes, will be treated as deductible in the computation of the GloBE Income or Loss (i.e. as reductions to the denominator in the ETR calculation under Article 5.1) The fact that a Tax may be deducted from the tax base for another Covered Tax does not, however, mean that the Tax is not eligible to be considered as a Covered Tax. 23. In determining whether a Tax is a Covered Tax, the focus is on the underlying character of the Tax. The name that is given to a Tax or the mechanism used to collect it (such as through a withholding mechanism) is not determinative of its character. Whether a tax charge is levied under a jurisdiction's CIT rules or under a separate regime or statute does not have any bearing on its underlying character. The timing of a levy does not have any bearing on the definition of Covered Taxes. Accordingly, Taxes imposed on the income of a distributing corporation at the time it distributes the income are Covered Taxes, irrespective of whether the income distribution is attributable to current or previously accumulated earnings.*"

[70] Tal figura foi feita pela própria Autora para melhor visualização dos efeitos da STTR e da IIR.

Figura 6 - Interação entre IIR e STTR

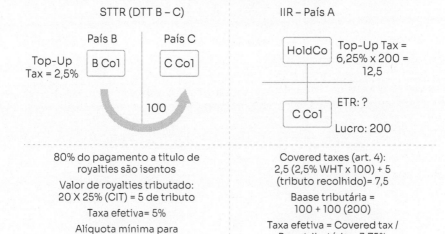

No que tange à interação com a UTPR, a OCDE também exemplifica a questão. Para tanto, utiliza o mesmo caso acima descrito, apenas alterando os métodos aplicados. Assim, no caso hipotético, o país A não possui a Regra de Inclusão de Renda, enquanto o país B possui o Método de Pagamento de Tributação Reduzida e alíquota nominal de 20%[71].

Nessa situação, já se sabe que a STTR é a primeira regra a ser observada e, dessa forma, o mesmo raciocínio da figura 1 do quadro acima deve ser feito. Consequentemente, considerando que o TDT entre os países B e C possui a previsão da Regra da Sujeição à Tributação, o imposto complementar que o país B deverá recolher é de 2.5.

Como a Matriz Final não possui a IIR, a UTPR servirá como uma opção secundária, permitindo que outras subsidiárias do grupo realizem ajustes nos pagamentos intragrupo e possam, por conseguinte, cobrar o imposto complementar que não foi recolhido na jurisdição que não observa a Regra de Inclusão de Renda [72]. Veja-se o resultado da nova tributação com o Pilar 2:

---

[71] *Blueprint*. p. 245.

[72] *Blueprint*: "467. The UTPR uses the same mechanics as the IIR for determining the MNE's jurisdictional ETR and the amount of top-up tax allocable under the rule."

Figura 7 - Interação entre UTPR e STTR

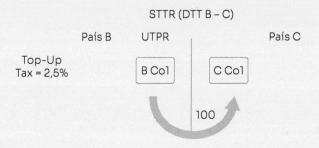

SITR	UTPR
80% do pagamento a titulo de royalties são isentos	Top-up Tax: 10% - 3,75% = 6,25%
Valor de royalties tributado: 20 X 25% (CIT) = 5 de tributo	Base tributável = 200 x 6,25% = 12,5
Taxa efetiva= 5%	Dedução que pode ser negada= 12,5/20% = 62,5
Aliquota mínima para ajuste pelo STTR: 7,5%	
Top-up Tax: 7,5% - 5% = 2,5%	

Por fim, a "Regra da Alteração de Método" (*Switch-Over Rule* – SOR) visa também a alterar os TDTs, mas, distintamente da STTR, que privilegia os Estados Fontes, a SOR se concentra nos Estados de Residência. Por meio dela, tais jurisdições podem alterar os seus métodos de eliminação da dupla tributação de "isenção" para "crédito" nas situações em que os lucros atribuídos a um estabelecimento permanente ou decorrentes de bens imóveis estejam sujeitos a uma tributação abaixo do mínimo global.

Com a explicação dos métodos e considerando os ideais da OCDE e objetivo do Pilar 2, pode-se afirmar, ainda que preliminarmente, que por a STTR e a SOR minimizarem os efeitos dos TDTs, é possível

---

Blueprint: "473. *The top-up tax is allocated to a UTPR Taxpayer that is a member of the same MNE Group as the low-tax Constituent Entity as follows:*

- First, if the UTPR Taxpayer makes any deductible payments to the low-tax Constituent Entity during the relevant period, the top-up tax that applies to the income of such Constituent Entity is allocated in proportion to the total of deductible payments made directly to the low-tax Constituent Entity by all UTPR Taxpayers;

- Second, if the UTPR Taxpayer has net intra-group expenditure, the remaining top-up tax is allocated in proportion to the total amount of net intra-group expenditure incurred by all UTPR Taxpayers.

Both allocation keys apply on a period by period basis."

que haja uma renegociação deles para se adaptarem às regras GloBE. Diferentemente da IIR e da UTPR, cujo foco é a legislação doméstica dos Estados, aqueles 2 (dois) métodos, por afetarem as convenções celebradas entre Estados, devem ser vistos com cautelas e aplicados somente após eventuais atualizações. Sobre as possíveis alterações nas convenções celebradas entre os países, o Professor Schoueri (2020, p. 77) leciona:

> Não é novidade que a proposta GloBE necessariamente implicaria modificações aos acordos de bitributação hoje em vigor. Por exemplo, no caso de um estabelecimento permanente sujeito a um regime privilegiado, em princípio a *income inclusion rule* incrementaria a tributação no país do *headquarters* até o nível mínimo estabelecido. Contudo, caso houvesse acordo de bitributação em vigor entre as jurisdições, e caso o acordo eliminasse a dupla tributação por meio do método da isenção, então a *income inclusion rule* não poderia ser aplicada por força do acordo. Nesse sentido, o Programa de Trabalho de maio de 2019 previu a inclusão de uma *switch-over rule* nos acordos, segundo a qual o método para eliminação da dupla tributação seria alterado para o método do crédito, caso a tributação no país da fonte ficasse abaixo do nível mínimo estabelecido.
>
> Da mesma forma, o Programa de Trabalho de maio de 2019 também previu a inclusão de uma *subject to tax rule*, que negaria benefícios do acordo, caso a tributação no país da residência não atingisse o nível mínimo acordado. Essa regra seria particularmente importante para garantir que a redução da retenção na fonte nos termos do acordo não seja aplicável nos casos de tributação privilegiada no país da residência. Ou seja, caso a tributação na residência seja excessivamente baixa, a limitação da retenção na fonte não se aplicaria, e o acordo não preveniria a *undertaxed payments rule*.
>
> Diante disso, logo se vê que a proposta de inclusão da *subject to tax* e da *switch-over rule* dá conta de importantes conflitos que poderiam surgir entre a proposta GloBE e os acordos.

Ainda nessa linha, cumpre esclarecer alguns conflitos que poderão ocorrer também com as Regras de Inclusão de Renda e de Pagamento de Tributação Reduzida e as disposições contidas nos tratados para evitar a dupla tributação. É o caso, por exemplo, do art. 7 da CM-OCDE (lucro das empresas)[73] e uma possível incompatibilidade com a IIR.

---

[73] CM-OCDE:
"Art. 7.1. *The profits of an enterprise of a Contracting State shall be taxable only in that State unless the enterprise carries on business in the other Contracting State through a permanent establishment situated therein. If the enterprise carries on business as aforesaid, the profits of the enterprise may be taxed in the other State but only so much of them as is attributable to that permanent establishment.*"

Por esse dispositivo, o Estado de Residência da controladora poderá tributar os lucros da subsidiária, situada em outra jurisdição, somente na existência de um estabelecimento permanente. Como a Regra de Inclusão de Renda permite uma taxação de forma ampla sempre que houver controladas em países de baixa tributação, há, em uma primeira vista, uma possível incompatibilidade entre as normas.

Geralmente, uma automática tributação dos valores auferidos pelas subsidiárias estrangeiras só ocorre quando se está diante de estruturas artificiais[74]. É o caso, portanto, da incidência das regras CFCs, que serão mais detalhadas em tópico específico e que permitirão que a renda gerada no exterior seja computada como se realizada no Estado de Residência da controladora[75]. Consequentemente, ao se permitir a incidência da IIR em todos os casos só pelo simples fato de não ter se observado a alíquota mínima de 15% vai de encontro às normas CFCs.

O mesmo também pode ser dito em relação às regras de preço de transferência (*transfer pricing* – TP) e/ou art. 9 da CM-OCDE (empresas associadas). A possível incompatibilidade com a UTPR ocorrerá eis que, pelas normas de TP, é possível a dedutibilidade de pagamentos efetuados nas situações em que a controlada seja residente em um Estado com carga tributária mínima, desde que observadas as condições do mercado. Como a Regra de Pagamento de Tributação Reduzida

---

[74] Nessa mesma linha de argumentação, cumpre citar: "A expressão ´regras CFC´ faz alusão a um tipo específico de normas antiabuso que pressupõe para a sua aplicação que a controlada estrangeira esteja domiciliada em país de tributação favorecida e/ou aufira apenas rendas passivas." (XAVIER, 2015, p 494).

[75] Sobre a incidência das normas CFC somente nos casos de abuso: MOREIRA, Clara Gomes. *Regra Constitucional de Competência e Tributação de Transações Transfronteiriças entre Partes Vinculadas*. São Paulo: IBDT, 2021. MOREIRA, André Mendes; FONSECA, Fernando Daniel de Moura. A tributação dos lucros auferidos no exterior sob a perspectiva brasileira. Uma análise crítica da doutrina e da jurisprudência; TONANI, Fernando; MARRARA. Tributação dos lucros de controladas no exterior – a abordagem da OCDE no âmbito do BEPS e as regras brasileiras de tributação em bases universais – uma análise crítica à Lei nº 12.973/2012.OLIVEIRA, Ricardo Mariz. Aspectos inconstitucionais da Lei nº 12.973 em matéria de tributação de lucros de controladas e coligadas no exterior (segundo Alberto Xavier); EMERY, Renata. Os vícios do regime de tributação dos lucros de controladas e coligadas no exterior previsto na Lei nº 12.973/14. In: ROCHA, Sergio André; TORRES, Heleno (coord.). *Direito Tributário Internacional: Homenagem ao Prof. Alberto Xavier* – São Paulo: Quartier Latin, 2016; e DOURADO, Ana Paula. *Governação fiscal global*. 2. ed. Coimbra: Almedina, 2018. p. 125.

pode negar a dedução de determinado montante que antes era permitida pelas normas de TP, pode-se resultar em um base tributável maior.

Esse novo montante, por sua vez, pode se afastar do *Arm´s Lenght Principle* (ALP)[76], essencial no contexto dos preços de transferência. Com a indedutibilidade de valores e um possível incremento na base de cálculo das empresas, é possível que as condições mercadológicas não sejam seguidas, o que viola o objetivo das normas de TP. Para melhor visualização dessa questão, veja-se o esquema a seguir[77]:

Figura 8 - Relação entre a UTPR e as regras de Preço de Transferência

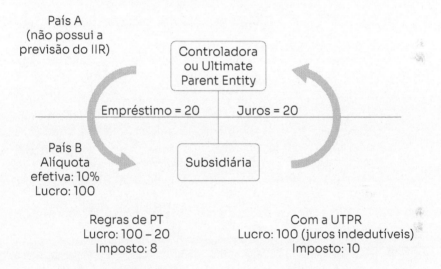

Ainda que o Pilar 2 tenha como um dos seus objetivos a recomposição da base tributária dos Estados, é certo que, no exemplo hipotético, ao não permitir a dedução de valores da base de cálculo do contribuinte, há uma violação direta às regras de preço de transferência. Isso porque, ao se observar esta legislação, determinados ajustes e even-

---

[76] Pelo princípio *Arm's Length* todas as partes que são relacionadas via gestão, controle ou capital, devem, em suas transações, possuírem os mesmos termos e condições que foram acordados entre entidades que não são relacionadas para transações não controladas comparáveis.

[77] Tal figura foi feita pela própria Autora para melhor visualização dos efeitos da UTPR.

tuais dedutibilidades devem ser realizadas justamente para se alcançar o ALP, que, com a nova diretiva da OCDE podem ser afastados no caso da não observância da alíquota mínima.

Com a legislação de TP, nas situações em que os termos e as condições estabelecidos em uma específica transação controlada divergirem daqueles que ocorreriam entre partes não relacionadas em operações comparáveis, a base de cálculo do imposto de renda será devidamente ajustada para se chegar ao preço parâmetro[78]. Esse ajuste serve, portanto, para que não haja desvio de capital, uma vez que se observará o ALP.

Como eventuais deduções podem ser feitas pelos contribuintes sem que se afete o preço parâmetro, ao impedir que elas ocorram, o Pilar 2, inicialmente, pode ferir as normas de TP dos países. Mostra-se, pois, a necessidade de haver um balanço entre as regras GloBE e as legislações sobre preço de transferência dos Estados. Nesse sentido, o trecho abaixo corrobora esse ponto destacando que é necessário um equilíbrio entre a diretiva e as leis domésticas (RODRÍGUEZ e NOUEL, 2021, p. 243):

> Article 9 simply allows a contracting state to make adjustments to transactions between associated parties when such transactions are not in accordance with the arm's length principle and tax accordingly. This cannot be done independently and how it is done is an issue of domestic law. The question is whether the article would prevent the UTPR from denying or limiting a deduction or whether it would prevent the application of a top-up tax. Regarding the first scenario, transfer pricing rules are limited on the determination of the remuneration for a specific transaction and to some extent the nature of it. Whether a transaction is deductible or not is an issue of domestic law even in cases where transfer pricing rules are able to recharacterize the nature of the transaction. Countries implementing a UTPR need to harmonize any potential conflict between the transfer pricing rules and the domestic rules implementing a UTPR.

Por fim, cumpre citar também o art. 24 da CM-OCDE (não-discriminação). Pelo disposto no item 4[79], todos os pagamentos feitos a não

---

[78] Preço parâmetro pode ser definido como o preço que deve ser utilizado por partes relacionadas, pois representa o acordado entre partes não relacionadas.

[79] "24.4. Except where the provisions of paragraph 1 of Article 9, paragraph 6 of Article 11, or paragraph 4 of Article 12, apply, interest, royalties and other disbursements paid by an enterprise of a Contracting State to a resident of the other Contracting State shall, for the purpose of determining the taxable profits of such enterprise, be deductible under the same conditions as if they had been paid to a resident of the first-mentioned State. Similarly, any debts of an enterprise of a Contracting State to a resident of the other Con-

residentes devem ser dedutíveis seguindo as mesmas condições caso fossem pagos a residentes. Caso a UTPR e/ou a STTR sejam aplicadas criando uma barreira à dedutibilidade de certos pagamentos, tendo em vista que foram realizados para controlada localizada em um território com baixa tributação, será preciso alterar o artigo 24.4 dos acordos celebrados para estarem compatível com o Pilar 2.

O que se tentou demonstrar, portanto, é que apesar da importância dessas 4 (quatro) regras[80], nada obstante serem imprescindíveis ao bom cumprimento do Pilar 2, o equilíbrio entre elas, as legislações internas dos países e os TDTs celebrados deve ser buscado. Apesar de serem métodos para se evitar a erosão da base tributária e a transferência de receitas para paraísos fiscais, como assim objetiva a OCDE, como elucidado acima, devem ser vistos e utilizados com cautela e apenas após as devidas atualizações tanto nas normas domésticas dos países como nas convenções celebradas.

1.4. A PREVISÃO DA *SUBSTANCE-BASED INCOME EXCLUSION:* A INOVAÇÃO QUE PODE PREJUDICAR O PILAR 2

A ideia do Pilar 2 foi, efetivamente, algo inovador. Os grandes lucros obtidos pelas MNEs, em parte gerado por estruturas sediadas em paraísos fiscais, chamaram a atenção para que um plano internacional fosse criado para diminuir a transferência artificial de valores para locais desprovidos de tributação. Além das medidas antes discutidas intensamente pela OCDE no Projeto BEPS, a imposição de um mínimo obrigatório a ser recolhido por determinados contribuintes, independentemente das estruturas societárias das empresas, poderia restaurar e melhorar o caixa dos Estados. É aí que reside a relevância da nova Diretiva da Organização.

Os possíveis resultados dessa nova ação poderiam, no entanto, ser ainda mais positivos se seus ideais originais não fossem alterados.

---

tracting State shall, for the purpose of determining the taxable capital of such enterprise, be deductible under the same conditions as if they had been contracted to a resident of the first-mentioned State."

[80] Para uma leitura mais aprofundada sobre tais métodos, verificar: (DOURADO, 2022b, p. 388-395).

Com a previsão da *"substance-based income exclusion"*[81] (exclusão da base tributária de valores ligados à substância do negócio), objeto de críticas por parte da doutrina internacional[82], a tributação compulsória a ser observada pelos grandes contribuintes parece caminhar na direção oposta da proposta inicial do Pilar 2. Com isso, o recolhimento mínimo obrigatório na sua totalidade pode não ser possível com a novidade trazida no rascunho final da Diretiva.

Foi apenas com o *Blueprint* apresentado em outubro/2020[83] que as regras GloBE, que antes eram aplicadas automaticamente nos casos de um baixo recolhimento tributário das MNEs em uma jurisdição específica, possibilitaram essa nova questão. Em suma, com essa novidade, é possível que os montantes intrínsecos às atividades com efetiva substância sejam excluídos da base tributária das empresas, ainda que a subsidiária esteja localizada em um país com baixa tributação.

A lógica a permitir a dedução desses montantes está ligada ao fato de que ante à existência de atividade econômica genuína, um imposto complementar pode ser exigido, mas não em sua totalidade. Com isso, essa previsão vai estimular que haja uma efetiva atividade operacional em uma determinada localidade e, por assim ocorrer, as regras GloBE não podem incidir sobre uma base tributária cheia.

Consequentemente, a previsão da *"substance-based income exclusion"* reduzirá a base tributária sobre o qual incide o imposto complementar, e, com isso, haverá a diminuição do valor adicional do imposto a pagar. Desse modo, a existência de substância genuína em uma jurisdição, pode minimizar a importância do Pilar 2 ao gerar menos recolhimento aos Estados mesmo nas situações em que as controladas estrangeiras sejam residentes em locais com baixa tributação.

Com a premissa de que a substância existente em determinada região permita que montantes ligados aos empregados e aos ativos tangíveis

---

[81] *"Art. 5.3.1. The Net GloBE Income for the jurisdiction shall be reduced by the Substance-based Income Exclusion for the jurisdiction to determine the Excess Profit for purposes of computing the Top-up Tax under Article 5.2. A Filing Constituent Entity of an MNE Group may make an Annual Election not to apply the Substance-based Income Exclusion for a jurisdiction by not computing the exclusion or claiming it in the computation of Top-up Tax for the jurisdiction in the GloBE Information Return(s) filed for the Fiscal Year."*

[82] Nesse sentido, Johanna Hey, Michael P. Devereux, Martin Simmler, John Vella, Heydon Wardell-Burrus e Yariv Brauner.

[83] Vide nota 21.

sejam devidamente deduzidos, em relação ao cômputo dos funcionários elegíveis para a comprovação de efetiva atividade em uma jurisdição, deve-se considerá-los de forma ampla. Desse modo, os empregados de uma empresa podem ser contratados em tempo integral, meio período ou até mesmo de forma independente, desde que trabalhem na atividade principal da MNE e atuem sob sua supervisão e controle, e não de forma autônoma[84].

Outrossim, os custos referentes às folhas de pagamento devem ser considerados de maneira extensa e, com isso, além dos salários pagos, há que se incluir também as despesas efetuadas a título de plano de saúde, seguro de vida, contribuições para pensões, bônus e/ou outros benefícios fornecidos aos trabalhadores, bem como todos os impostos, taxas e contribuições pagos pelo empregador sobre quaisquer quantias ligadas aos trabalhadores[85]. Dessa maneira, todos os valores que estejam devidamente dispostos nas demonstrações financeiras das empresas devem ser levados em consideração.

Já em relação aos ativos tangíveis, o artigo 5.3.4 traz a definição dos que são aptos à dedução. Para tanto, destaca como possíveis: (a) propriedades, instalações e equipamentos localizados na jurisdição; (b) recursos naturais localizados na jurisdição; (c) o direito de uso de um arrendatário de ativos tangíveis localizados na jurisdição; e (d) uma licença ou acordo semelhante do governo para o uso de bens imóveis ou exploração de recursos naturais que implique um investimento significativo em ativos tangíveis.

Por outro lado, determinados ativos são especificamente excluídos da possibilidade do *carve-out*. Isso inclui, por exemplo, propriedades

---

84 *"10.1.1. The terms set out below have the following definitions:*
(...)
Eligible Employees means employees, including part-time employees, of a Constituent Entity that is a member of the MNE *Group and independent contractors participating in the ordinary operating activities of the* MNE *Group under the direction and control of the* MNE *Group."*

85 *"10.1.1. The terms set out below have the following definitions:*
(...)
Eligible Payroll Costs means employee compensation expenditures (including salaries, wages, and other expenditures that provide a direct and separate personal benefit to the employee, such as health insurance and pension contributions), payroll and employment taxes, and employer social security contributions."

mantidas para investimento, venda ou arrendamento[86]. A razão para isso é que, a previsão da *"substance-based income exclusion"* visa a diminuir a base tributária das MNEs que tenham atividades genuínas e presença física em um determinado Estado e não simplesmente com a geração de receita mediante a compra de propriedades.

O que parece ser discutível é o fato de poder, em tese, existir eventual situação em que não haja sequer pagamento complementar face à diminuição na base tributária das MNEs, mesmo se tratando de jurisdição com tributação favorecida. Isso porque, como a dedução dos valores referentes aos ativos tangíveis e ao pessoal recairá sobre o lucro sobre o qual incidirá o imposto complementar, pode-se chegar em uma situação na qual a base será tão reduzida que haverá apenas um ínfimo recolhimento suplementar, quando existente.

Assim, caso o lucro de uma entidade seja menor do que as exclusões a serem feitas com base na *"substance-based income exclusion"*, ainda que ela esteja localizada em um país com a alíquota menor do que o mínimo global, não haverá a necessidade de pagamento complementar. Em outras palavras, os *carve-out* podem permitir a redução da base tributária a tal ponto que o Pilar 2 não terá mais efeitos.

Para evitar, no entanto, que as despesas a serem excluídas da base tributária não ocorram de forma a zerar o lucro das multinacionais, a própria OCDE trouxe uma limitação a ser observada. Nesse sentido, os artigos 5.3.3[87] e 5.3.4[88] dispõem que as deduções deverão ocorrer até o valor de 5% dos ativos tangíveis e de folha de pagamento, e não de maneira ilimitada. O esquema[89] a seguir sintetiza essa questão:

---

[86] *"Art. 5.3.4. (...)*
For this purpose, the tangible asset carve-out computation shall not include the carrying value of property (including land or buildings) that is held for sale, lease or investment. (...)"

[87] *"5.3.3. The payroll carve-out for a Constituent Entity located in a jurisdiction is equal to 5% of its Eligible Payroll Costs of Eligible Employees that perform activities for the MNE Group in such jurisdiction, except Eligible Payroll costs that are: (...)"*

[88] *"5.3.4. The tangible asset carve-out for a Constituent Entity located in a jurisdiction is equal to 5% of the carrying value of Eligible Tangible Assets located in such jurisdiction."*

[89] Tal figura foi feita pela própria Autora para melhor visualização dos efeitos da previsão da *"substance-based income exclusion"*.

Figura 9 - Previsão da *"substance-based income exclusion"*

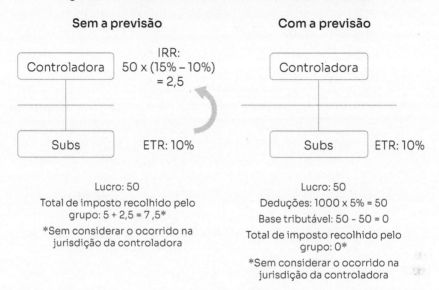

Tem-se, pois, que com a exclusão dos montantes ligados aos ativos tangíveis e aos funcionários para se chegar ao imposto complementar, o pagamento mínimo, que antes era obrigatório quando se tratasse de toda e qualquer situação em que a empresa controlada residisse em um país com regime fiscal privilegiado, pode, agora, ou ocorrer de maneira ínfima, ou, de maneira ainda pior, não existir. Isso porque pode-se chegar a uma situação em que a base tributária seja drasticamente reduzida a ponto de continuar havendo um baixo recolhimento de tributo naquela determinada localidade ou inexistente mesmo com a limitação de 5% (conforme figura acima).

Com todo esse cenário, se antes o centro das discussões residia na melhoria da competição fiscal como um todo, com a previsão da *"substance-based income exclusion"*, é possível que alguns afirmem que o foco do Pilar 2 é evitar tão-somente a competição fiscal danosa/agressiva. Isso porque não se trata mais em aplicar um imposto mínimo a todos, mas somente às MNEs cujas cadeias societárias sejam desprovidas de substância, como disposto pelo Professor Schoueri (2020, p. 79):

> Interessante notar que essa discussão aponta para importante característica das propostas discutidas no Pilar 2: a ideia central reside em combater a competição fiscal em si, não apenas aquela considerada danosa (*harmful*). A inserção das exceções acima modificaria a proposta de maneira importante, reduzindo seu escopo para o combate à competição fiscal danosa.

HEY (2021. p. 1) também é crítica a essa nova previsão. Para ela, a possibilidade de exclusão de valores da base tributária das MNEs se trata, na verdade, de um adeus à ideia original do Pilar 2, como abaixo ressaltado:

> After it turned out that the main focus of the OECD minimum tax proposal is no longer on regulating tax competition in general and not on establishing a lower limit to the race to the bottom of corporate tax rates, the goal of addressing unsolved BEPS challenges is put at the heart of Pillar Two.

Apesar das críticas (BARAKÉ e col., 2021, p.1-19), a opção pela "*substance-based income exclusion*", ainda que adicionada apenas no projeto final do Pilar 2, não foi surpresa. Como a principal ideia da OCDE é que a tributação mandatória trazida incida sobre os montantes relacionados em especial aos intangíveis das multinacionais, eis que estes podem facilmente ser transferidos para Estados com baixa tributação[90], os valores que representam a efetiva operação das MNEs não podem estar sujeitos a eventual taxação.

De todo modo, se o objetivo do Pilar 2 era de reduzir a transferência de valores para os paraísos fiscais e/ou regimes fiscais privilegiados, com os *carve-outs* de montantes conectados à substância das estruturas é possível que a aplicação do imposto mínimo global não traga tantos efeitos ou que estes sejam reduzidos drasticamente. Para tanto, basta que as MNEs criem estruturas genuínas em locais desprovidos de tributação para que as deduções na base de cálculo das subsidiárias ocorram, reduzindo, por conseguinte, o montante pago por elas. PISTONE e col. (2020, p. 18) corroboram essa questão:

> (...) carve-outs appear to be undesirable features of a global minimum tax standard. The issue is not about how carve-outs as such are designed but on whether they are needed in the first place. In our view, insofar as Pillar Two gets well-designed rationale-oriented rules, carve-outs are simply not indispensable.
> (...) As a subordinate option, the use of carve-outs could be admitted in exceptional circumstances, which should be defined by means of a broad consensus as to their introduction and the criteria to be used for reviewing how they operate.

---

[90] "*Comm. 25. The policy rationale behind a formulaic, substance-based carve-out, based on payroll and tangible assets is to exclude a fixed return for substantive activities within a jurisdiction from the application of the GloBE Rules. The use of Payroll and Tangible Assets as indicators of substantive activities is justified because these factors are generally expected to be less mobile and less likely to lead to tax-induced distortions. Conceptually, excluding a fixed return from substantive activities focuses GloBE on "excess income", such as intangible-related income, which is most susceptible to BEPS risks.*"

Ademais, a nova previsão, além de reduzir o imposto a ser pago pelas multinacionais pode vir a reduzir, também, a arrecadação tributária dos Estados como um todo. Nesse sentido, vale citar as conclusões do *EU Tax Observatory*[91] (Observatório de Tributação da União Europeia – EUTO)[92] que destacaram um possível baque no caixa dos países da União Europeia de 15% a 30% com a possibilidade dos *carve-outs*.

Esse novo foco, portanto, acaba por limitar o leque e passa a aproximar a Diretiva a outras medidas internacionais já existentes e em curso, tais como as regras CFC e o Plano de Ação BEPS nº 3 (*CFC Rules – Designing Effective Controlled Foreign Corporation Rules*) (OECD, 2015c). Inclusive, destaque-se que a própria Organização afirma pela aproximação entre as regras CFC e o Pilar 2 (OECD, 2021, p.14)[93], em especial por aplicarem uma tributação maior "apenas" às estruturas artificiais.

Por não se tratar mais de uma novidade no cenário internacional, a maior indagação que se faz é até que ponto o Pilar 2 é de fato necessário. Se há agora uma aproximação como modelos pré-existentes, uma atualização destes talvez fosse mais eficaz e mais célere para se alcançar o objetivo do Projeto BEPS do que a criação de uma nova medida.

Nessa linha de raciocínio, bastaria, então, desenvolver a Ação nº 3 ao invés de se criar um bloco de estudos como feito pela Organização. Diante disso, o próximo capítulo demonstrará como o Pilar 2 pode perder sua força por ser muito semelhante às regras CFC.

---

[91] Trata-se de um grupo de acadêmicos, gerido pela Escola de Economia de Paris, cujo foco é estudar e fornecer dados científicos sobre elisão e evasão fiscal e o planejamento fiscal agressivo.

[92] https://hal-mines-albi.archives-ouvertes.fr/EU-TAX-OBSERVATORY/halshs-03323095v1. Acesso em 28 de junho de 2022.

[93] *"The principal mechanism to achieve this outcome is the income inclusion rule (IIR) together with the undertaxed payments rule (UTPR) acting as a backstop. The operation of the IIR is, in some respects, based on traditional controlled foreign company (CFC) rule principles and triggers an inclusion at the level of the shareholder where the income of a controlled foreign entity is taxed at below the effective minimum tax rate."*

2. O PILAR 2 E AS REGRAS CFC

Não se pretende, no presente tópico, retirar a relevância do Pilar 2 no cenário global. Nada obstante, após a inclusão da previsão da *"substance-based income exclusion"* na redação final, a nova medida da OCDE acaba por possuir uma sistemática muito semelhante às regras CFC. Como estas já possuem um plano específico da Organização para o seu desenvolvimento, esse capítulo almeja demonstrar que as normas GloBE tendem a se aproximar tanto do objeto como da estrutura das legislações CFCs, razão pela qual o Pilar 2 pode não surtir tanto efeito nas jurisdições que já possuem aquele modelo normativo.

Diante disso, nesse item, passa-se a expor o histórico e o conceito acerca das normas CFC para que se possa avaliar as semelhanças com o Pilar 2. Além disso, será também detalhado o Plano de Ação nº 03 da OCDE, cujo objeto é o fortalecimento das normas para tributação das controladas estrangeiras. Isso é importante para que, ao final, seja possível analisar se houve uma necessidade efetiva do surgimento de uma nova diretiva por parte da Organização ou se seria mais vantajoso focar nas medidas pré-existentes para a contenção do BEPS.

2.1. AS REGRAS CFC – HISTÓRICO E CONCEITO

Visando a evitar uma possível erosão da base tributária dos países com regras mais rígidas, em 1934, nos Estados Unidos, a legislação sobre controladas estrangeiras foi instituída pela primeira vez no país. Por meio dela, se estabeleceu uma regra anti-diferimento exclusivamente para pessoas físicas (o *"Foreign Personal Holding Company – FPHC"*) que atribuía os lucros auferidos por intermédio de sociedades no exterior aos seus acionistas residentes nos EUA. Tal possibilidade foi criada pois, para o governo americano, os contribuintes estavam se aproveitando de estruturas localizadas em país com baixa tributação para evitar constantemente o pagamento de tributo (REDMILES e WENRICH, 2007, p.129).

O racional do FPHC era, portanto, instituir tratamento isonômico entre os indivíduos que investissem tanto diretamente em ativos nos EUA quanto no exterior (KREVER, 2020, p.74). Dessa maneira, não haveria diferença entre operar no país ou no estrangeiro, uma vez que ambas as situações ocasionariam a tributação pelo governo norte-americano.

No tocante às pessoas jurídicas (PJ), os lucros auferidos por empresas no exterior somente eram tributados quando da sua efetiva distribuição para os Estados Unidos. Todavia, da mesma forma que as autoridades fiscais questionavam as estruturas das pessoas físicas (PF), a sistemática das PJs também começou a chamar a atenção.

Foi assim que, em 1962, a reforma Kennedy eliminou o diferimento antes existente e determinou a integral e imediata tributação dos lucros auferidos no exterior por sociedades controladas por sócios residentes no país, independentemente da sua real disponibilização através do *Revenue Act*[94]. Por meio desse ato, instituiu-se a *Subpart F*[95], na qual se buscou tributar a renda auferida por uma sociedade controlada estrangeira, i.e., a *controlled foreign corporation*, como se os lucros fossem gerados, na verdade, pela empresa controladora. Nas palavras do Professor Schoueri (2003, p. 309):

---

[94] UNITED STATES SENATE. Brief Summary of Provisions in H.R. 10650 – The "Revenue Act of 1962". Washington: US Government Printing Office, 1962. Disponível em https://www.finance.senate.gov/imo/media/doc/87PrtRevwm.pdf. Acesso em 08 de junho de 2022.

[95] https://www.irs.gov/pub/int_practice_units/DPLCUV_2_01.PDF. Acesso em 08 de junho de 2022.

Datam de 1962, nos Estados Unidos (*US Subpart F*), as medidas tendentes a combater a evasão fiscal em patamares internacionais por meio das CFCs, quando então buscou-se limitar o *tax deferral* de algumas entidades não-residentes calculando seus lucros diretamente na pessoa dos sócios e compelindo-os a incluir os lucros dessas entidades na sua base tributável, tivessem ou não sido distribuídos. Posteriormente, medidas semelhantes vieram a ser adotadas pela grande maioria dos países integrantes da OCDE, preocupados pelo fato da alta carga tributária de seus países estar ocasionando o fenômeno da migração de capital, alocação de lucro e *deferral*, sob o resguardo de jurisdição estrangeira.

Posteriormente à instituição norte-americana desse modelo legislativo, as regras CFC foram também adotadas pelos demais Estados para fins de conter a evasão fiscal. A forma como os países iriam aplicá-las, contudo, não foi uniforme, bem como a sua própria conceituação diferenciou bastante entre as jurisdições. Em outras palavras, não há um modelo fechado acerca desse tipo legislativo.

No entanto, é certo que há um aspecto comum nesse regramento: o que se pretende com a sua imposição é impedir o diferimento infindável do pagamento de impostos por controladoras de sociedades residentes no exterior. Com a possibilidade de taxação imediata, evitar-se-á, desse modo, que o lucro auferido por elas só seja tributado no momento da distribuição para o país sede da empresa-mãe, que pode ou não ocorrer.

Como no caso de não haver retorno desses valores para a controladora, tem-se que a subsidiária estrangeira não pagará nenhum ou pouco tributo sobre a geração de riqueza no exterior quando estabelecida em uma região com baixa tributação. Desse modo, a ideia por trás desse tipo de legislação é justamente evitar que subsidiárias sejam estabelecidas em locais que permitam que tributos não sejam recolhidos.

A forma de aplicação dos regimes tributários, como acima destacada, não é uniforme. Estudiosos da matéria apontam para 3 (três) teorias acerca da aceitação de um regime excepcional de tributação de lucros estrangeiros, quais sejam: (i) teoria da desconsideração da personalidade jurídica (*disregard of legal entity*); (ii) teoria da transparência fiscal internacional (*pass-through entity*) e (iii) teoria do dividendo ficto ou atribuído (*deemed dividend approach*) (GOMES e col., 2016, p. 199).

As teorias da desconsideração da personalidade jurídica (também conhecida como *piercing the veil approach*) e da transparência fiscal internacional são muito semelhantes. Em ambas, a sociedade residente no exterior será tratada como se não existisse, de modo que todas as suas receitas serão consideradas como auferidas diretamente pelos seus sócios.

A diferença fundamental entre elas é que a teoria da transparência fiscal é obra da lei e a da desconsideração é aplicada casuisticamente por decisão do juiz (GOMES e col., 2016, p. 202). Porém, o efeito continua sendo o mesmo com a imputação de um rendimento tido por um terceiro a outrem, no caso, o seu sócio.

Pela teoria do dividendo ficto, a tributação também ocorrerá na pessoa do sócio dos lucros gerados no exterior, mas pela presunção de que o lucro auferido pela sociedade estrangeira foi devidamente distribuído para seu controlador. A controlada situada no exterior não é desconsiderada como nos dois casos acima, mas, os lucros que foram auferidas por ela, são considerados como ficticiamente distribuídos para a empresa-mãe.

Independentemente da visão adotada, o objetivo é o mesmo, isto é, computar na base tributária da empresa controladora os rendimentos auferidos por sua subsidiária estrangeira. Contudo, por se tratar de uma possibilidade ampla, o que aqui se defende é que não deve se tratar de uma regra geral, mas sim, ser exceção.

Com efeito, ainda que esse Estudo defenda que o mais prudente é a aplicação da desconsideração da personalidade jurídica das empresas, com a consequente incidência das regras CFC a permitir uma extensiva tributação, apenas nos casos de abuso, alguns países, como o Brasil, possuem essa modalidade como regra. Todavia, ressalte-se que, por se tratar de situação específica e peculiar, o requisito "abuso" deveria ser obrigatório.

Assim, para que os Estados pudessem aplicar a sua regra tributária fora de seus territórios e alcançar os lucros gerados pelas subsidiárias estrangeiras de suas empresas nacionais, apenas as estruturas artificiais deveriam ser objeto das normas CFC. Nessa mesma linha de raciocínio, vale citar o trecho abaixo (MACIEL, 2007, p. 25-26):

> É difícil afirmar, em tese, qual dessas correntes é mais adequada para justificar o fenômeno da TLCE (tributação dos lucros das controladas e coligadas estrangeiras). Se, por um lado, a ideia precípua que lhe está subjacente não é a de combater qualquer simulação ou fraude à lei, mas a de permitir que um fato revelador de capacidade contributiva seja tributado, por outro lado, não se pode esquecer que o que autoriza a reação do Estado através da instituição de normas de TLCE não é a mera existência de capacidade

contributiva, mas sim o fato de que a quebra desse princípio ocorreu em virtude da utilização abusiva da técnica da personalidade jurídica.

De todo modo, independentemente desse ponto, justamente pelo escopo principal das normas CFC ser a possibilidade de uma taxação mais ampla, muitas jurisdições vêm gradativamente criando e/ou ampliando essas disposições em suas legislações internas[96]. Isso porque, considerando a internacionalização das empresas cada vez mais crescente, na ausência desse tipo de regime, se o contribuinte não repatriar/distribuir os rendimentos obtidos pela empresa estrangeira, esses montantes continuarão a ser tributados apenas no Estado de origem, de forma que, se a carga tributária for inferior à do país da controladora, haverá uma redução significativa do imposto de renda pago pela multinacional.

Por isso, hoje quase todas as normas[97] do direito comparado[98] possuem essa sistemática a fim de evitar uma eventual "fuga" de capital para locais onde a renda não é praticamente tributada, variando apenas quanto à sua intensidade. Enquanto em alguns lugares, tais como EUA, Brasil, Reino Unido, Alemanha, China, Espanha, França e Japão, as regras são mais amplas, na Argentina e na Indonésia são mais flexíveis[99].

Ainda que as regras CFC tentem capturar a renda que não sofreu a incidência de impostos pela localidade possuir uma baixa tributação, é certo também que deve haver um equilíbrio entre o direito dos contribuintes de selecionarem o sistema fiscal mais favorável e a arrecadação dos Estados (WEBER, 2013, p.251). É, destarte, imperioso que sejam separadas as situações que objetivam contornar o propósito e o espírito da lei das regulares transações comerciais que tenham um objetivo comercial certo e determinado, o que corrobora ainda mais a obrigatoriedade do requisito "abuso".

---

[96] Nesse sentido, verificar os exemplos citados em: SAUNDERS, Ana Paula. *O Projeto BEPS da OCDE e o Plano de Ação 3: Fortalecimento das Regras de CFC – suas atualizações no cenário global.* In: GOMES, Marcus Lívio; SCHOUERI. Luís Eduardo. *A Tributação Internacional na Era Pós-BEPS.* Rio de Janeiro: Lumen Juris, 2019.

[97] Cf. DELOITTE. *Guide to Controlled Foreign Company Regimes*, Julho 2015, Disponível em: https://www2.deloitte.com/cy/en/pages/tax/articles/guide-to-controlled-foreign-company-regimes.html

[98] Não há, contudo, no Paraguai.

[99] Para uma verificação detalhada do modelo das regras CFC utilizada pelos países, checar: https://taxsummaries.pwc.com/. Acesso em 08 de junho de 2022.

Essa afirmativa tem respaldo na doutrina da substância econômica, uma política anti-evasão que surgiu a partir de um caso específico ocorrido nos EUA[100] e cujo objetivo principal é desconsiderar transações fictícias e desprovidas de substância criadas apenas com o intuito de evitar o pagamento de tributos. Desde a decisão proferida pela Suprema Corte Americana (*US Supreme* Court) nesse processo, as autoridades fiscais (*Internal Revenue Service* – IRS) podem desconsiderar a forma adotada pelos contribuintes se a operação não possuir uma devida "substância econômica" ("*economic substance*") ou nenhum "objetivo comercial" ("*business purpose*").

Em suma, o caso faz referência a um planejamento fiscal elaborado por Evelyn F. Gregory quanto à venda de ativos detidos indiretamente por ela sem que, contudo, fosse possível a não-tributação nessa operação. Para tanto, a estrutura inicial e a potencial tributação estão sumarizadas abaixo[101]:

Figura 10 - Caso *Gregory V. Helvering* - estrutura inicial

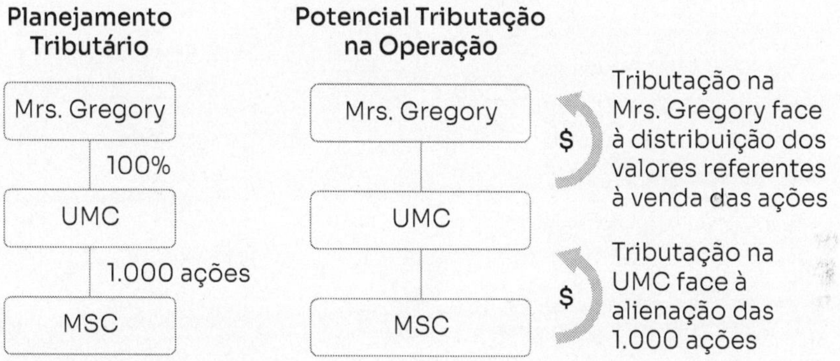

Planejamento Tributário
- Mrs. Gregory
- 100%
- UMC
- 1.000 ações
- MSC

Potencial Tributação na Operação
- Mrs. Gregory
- UMC
- MSC

$ Tributação na Mrs. Gregory face à distribuição dos valores referentes à venda das ações

$ Tributação na UMC face à alienação das 1.000 ações

Para evitar a tributação sobre a venda das ações, em 18/09/1928, a Sra. Gregory criou uma empresa (*Averril Corporation* – AC) de acordo com as leis do Estado de Delaware. Apenas 3 (três) dias depois, a *United Mortgage Corporation* (UMC) transferiu para esta nova empresa todas as ações da *Monitor Securities Corporation* (MSC) detidas por ela. Mais 3 (três) dias depois, a Sra. Gregory dissolveu a AC, liquidando, por conseguinte, os ativos dessa nova empresa, transferindo-os para

---

100 *US Supreme Court*, 7 January 1935, 293 U.S. 465 Gregory V. Helvering.

101 Os esquemas sobre o caso foram desenvolvidos pela Autora para melhor visualização das questões tributárias.

ela mesma. Por fim, ela vendeu as ações da MSC por cerca de US$ 133 (cento e trinta e três) mil, conforme estrutura a seguir:

Figura 11 - Caso *Gregory V. Helvering* - estrutura final

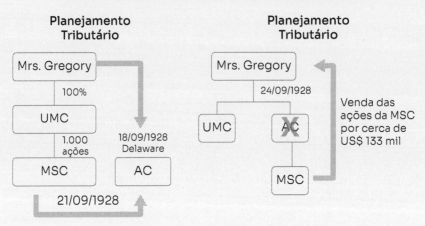

A tributação não ocorreria em razão de a legislação tributária vigente à época excluir da base de cálculo os resultados advindos de transações com ações que decorriam de reorganização de empresas. Desse modo, com o planejamento tributário realizado, o ganho com a venda das ações da MSC não ensejaria o recolhimento de impostos pela Sra. Gregory.

Do ponto de vista jurídico, não ocorreu nenhuma violação. O disposto na legislação norte-americana foi devidamente observado e nenhuma ilegalidade foi cometida. Nada obstante, as autoridades fiscais entenderam que toda a reestruturação foi feita tão somente para se evitar o pagamento de impostos e que a criação de uma nova empresa (AC) não atendia a propósitos negociais legítimos.

Ainda que em primeira instância a autuação não tenha prosperado, em especial pela estrita observância da lei, em segunda instância, a decisão foi proferida de forma desfavorável à Evelyn Gregory. A questão foi remetida para a Suprema Corte pela contribuinte, que manteve a decisão em favor da autoridade fiscal. Na visão dos julgadores, à reorganização empresarial faltava o quesito da "substância", devendo ser, portanto, desconsiderada, ainda que os planejamentos tributários sejam um direito dos contribuintes[102].

---

[102] *Idem.* p. 468.

Nada obstante, a Corte ressaltou que os planejamentos fiscais somente serão aceitos conquanto não revelassem simulação e/ou fraude e tendo como único propósito diminuir e/ou evitar a carga tributária ordinária. Consequentemente, foi sustentado que a Sra. Gregory deveria ser tributada como se a UCM tivesse pago a ela dividendos pela venda das ações da MSC.

A decisão proferida pela Suprema Corte Americana no caso *Gregory v. Helvering* pode ser considerada como um marco divisório na concepção jurisprudencial no que tange à restrição aos planejamentos tributários realizados pelos contribuintes[103]. Ainda que ela tenha enaltecido esse direito, há, todavia, limites para tanto[104], de modo que há que se separar, de um lado, as reorganizações e estruturas que possuem um propósito negocial e, do outro, aquelas desprovidas de atividades genuínas de fato.

A descrição desse caso se faz relevante, eis que a doutrina da substância econômica tem sido utilizada[105] pelos principais países para desconsiderar estruturas negociais em que há ausência de um efetivo propósito e de substância com a consequente aplicação das regras CFC[106]. Ainda que existam legislações que possuam uma ampla tributação, como já citadas, a desconsideração das pessoas jurídicas deve ocorrer geralmente nos casos que envolvem abuso com estruturas sem substância efetiva.

Essa posição, conforme já se evidenciou no presente trabalho, é majoritariamente reproduzida pelos doutrinadores[107]. De maneira

---

[103] https://en.wikipedia.org/wiki/Gregory_v._Helvering. Acesso em 08 de junho de 2022.

[104] Vale destacar que, em 2009, o Congresso dos EUA promulgou a "regra de substância econômica" (*economic substance rule*) no *Internal Revenue Code* (IRC).

[105] Nesse sentido são os casos: *Superior Oil v. Mississippi* (280 U.S. 390, 395-6, 1930), *Corliss v. Bowers* (281 U.S. 376, 1930), *Pinellas Ice & Cold Storage Co. v. Commissioner* (287 U.S. 462, 1933), *Reinecke v. Smith* (289 U.S. 172, 1933), todos detalhados em: LIKHOVSKI, Assaf, *The Duke and the Lady: Helvering V. Gregory and the History of Tax Avoidance Adjudication*. Available at SSRN: https://ssrn.com/abstract=430080 ou http://dx.doi.org/10.2139/ssrn.430080. Acesso em 1º de agosto de 2022.

[106] https://www.irglobal.com/article/the-importance-of-economic-substance-for-eu-companies/. Acesso em 1º de agosto de 2022.

[107] Vide nota de rodapé 74.

diversa, todavia, vale citar o Professor Sergio André Rocha (2022. p. 321), que aduz:

> Com efeito, a posição de Xavier parece fundamentar-se nos sistemas de transparência fiscal que prevalecem nos países membros da OCDE, especialmente os europeus, para determinar o núcleo do tipo regras CFC. Como nesses países as regras CFC normalmente têm essas características, passou-se a apontar que as regras brasileiras não seriam regras CFC, por tributarem lucros auferidos por controladas no exterior de forma indiscriminada, mesmo quando decorrentes de atividades substantivas desenvolvidas em países de alta tributação.
> Contudo, a utilização dos modelos europeus como paradigma para a definição do núcleo do tipo regras CFC tem um vício de partida. De fato, como já vimos, os sistemas europeus de transparência fiscal são limitados pelos direitos fundamentais comunitários. Assim, apenas e tão somente nos casos em que presente o abuso, materializado na artificialidade da estrutura implementada pelo contribuinte, será legítima uma regra CFC de um país membro da União Europeia.
> Dessa maneira, talvez o caráter antielusivo das regras CFC não seja um traço essencial-geral, mas acidental, de modo que seria perfeitamente possível a existência de regras CFC nas quais o dito caráter antielusivo não esteja presente.
> Parece-nos, portanto, que o núcleo do tipo jurídico regras CFC encerra apenas as seguintes características: tributação automática dos lucros da investida no país de localização da investidora e controle societário da investidora sobre a investida.

Nada obstante, essa obra não compartilha do posicionamento acima. Ainda que a OCDE afirme que a decisão proferida pela *European Court of Justice* (ECJ) no caso *Cadburry Schweppes*[108] se aplica aos países-membros da UE[109], o requisito "substância" deve ser visto de forma

---

[108] A questão da aplicação das regras CFC apenas aos casos desprovidos de substância foi analisada pela *European Court of Justice* em 2006 e serviu como precedente para diversos outros processos na Europa (Caso Vodafone, em 2009, por exemplo). Trata-se do *Cadburry Schweppes Case* que, no contexto da discussão acerca da aplicação das normas CFC, trouxe a necessidade de se verificar a artificialidade das estruturas criadas pelos contribuintes com o intuito de se eximirem do pagamento de tributos, os denominados *"wholly artificial arrangements"* (UNIÃO EUROPÉIA. Tribunal de Justiça da União Europeia. C-196/04. Cadbury Schweppes plc, Cadbury Schweppes Overseas Ltd v. Commissioners of Inland Revenue. 12 de setembro de 2006. ECR I-7995, 2006).

[109] O relatório final da OCDE sobre o Plano de Ação nº 3 ratificou essa questão e sintetizou que *"In Cadbury Schweppes and subsequent cases, the ECJ has stated that CFC rules and other tax provisions that apply to cross-border transactions and that are justified by the prevention of tax avoidance must "specifically target wholly artificial arrangements*

ampla, e não apenas para uma específica jurisdição. Consequentemente, a decisão no referido caso deve servir como orientação para todos os Estados que desejam aplicar a legislação CFC sejam elas partes integrantes ou não da União Europeia.

Cumpre destacar, inclusive, que a não adoção desse requisito por determinados Estados pode levar a situações em que subsidiárias estrangeiras estabelecidas com o único propósito de não recolher tributo não sofram nenhum tipo de penalidade, ainda que revestidas de artificialidade, proporcionando ainda mais a erosão da base tributária dos países.

Desse modo, como principais características de uma norma CFC, pode-se afirmar pelas (i) existência de controle societário; (ii) localização da empresa controlada em país com baixa tributação, (iii) submissão do regime de forma preferencial sobre os lucros decorrentes de operações passivas ou realizadas entre partes relacionadas (BIANCO, 2007, p. 39) e (iv) ausência de substância da estrutura a permitir a imputação da renda da controlada à sua controladora.

Nesse aspecto, verifica-se que o Pilar 2 e as normas CFC possuem semelhanças. Como destacado tanto no conceito como no escopo das regras GloBE, havendo (i) grupo societário com (ii) controladas localizadas em jurisdições com baixa tributação e (iii) cujos lucros estejam submetidos a baixas alíquotas efetivas, um imposto complementar por parte da controladora deverá ser recolhido. Tais pontos, como já mencionado, são muito análogos aos motivos para aplicabilidade das regras CFC, que também permitirá uma tributação pela controladora, conforme sintetizado abaixo[110]:

---

which do not reflect economic reality and whose only purpose would be to obtain a tax advantage". (OECD, 2015c, p. 38).

[110] Esquema elaborado pela própria Autora.

Figura 12 - Pilar 2 e Regras CFC

	Pilar 2	Regras CFC
1	Identificação do Grupo Societário cuja receita é ≥ EUR 750MM	Identificação do Grupo Societário
2	Controladas situadas em países com baixa tributação (≤ 15%)	Controladas situadas em países com baixa tributação
3	Substance-based income exclusion	Existência de substância e propósito negocial
4	Imposto complementar e imputação da renda à controladora	Imputação da renda à controladora

A associação do Pilar 2 com o objetivo das regras CFC, portanto, é inevitável. Nos 2 (dois) institutos, o objetivo acaba sendo o mesmo: permitir a tributação pelo país de residência da Matriz Final dos valores auferidos no exterior quando a controlada estrangeira estiver situada em uma jurisdição com baixa tributação.

Ademais, é importante citar também que, em especial após a inclusão da possibilidade da *"substance-based income exclusion"*, houve uma maior aproximação entre as regras CFC e o Pilar 2. Isso porque a questão da desconsideração das estruturas artificiais e o recolhimento tributário por parte da controladora não é algo novo criado por este instituto, mas sim, com a legislação CFC, que será aplicada, em especial, aos casos desprovidos de substâncias de modo a imputar a renda da controlada à controladora.

Ora, antes dessa previsão, havia efetivamente uma inovação no cenário internacional, i.e., bastava o estabelecimento de subsidiárias em países com alíquota efetiva abaixo de 15% para que o imposto complementar fosse imputado à Matriz Final. Isso, por si só, diferenciava o Pilar 2 das demais medidas existentes reiterando a sua força na contenção do BEPS.

A diferença primordial inicial é conquanto as regras GloBE aplicar-se-iam em todos os casos em que a subsidiária fosse residente em um local com baixa tributação, a possibilidade de taxação pelas normas CFC ocorre, em sua maioria, no caso de estruturas fictícias ou desprovidas de substâncias. Daí a inovação e peculiaridade da medida da OCDE que poderia ter mais força para combater o BEPS se não fosse pela possibilidade dos *carve-outs*.

Com essa previsão da exclusão dos valores ligados aos ativos tangíveis e à folha de pagamento, eis que tais montantes representam uma atividade genuína verdadeira, o recolhimento de imposto complementar pelo Pilar 2 acaba por se assemelhar conceitualmente às regras CFC. Ainda que se defenda que a grande diferença entre essas duas medidas é o fato de enquanto estas são atos domésticos e unilaterais, fato é que o resultado alcançado é o mesmo.

É em especial nessa linha que a dúvida quanto à eficácia do Pilar 2 começa a ganhar mais força. Com a previsão da *"substance-based income exclusion"*, os novos ideais da OCDE se aproximam de ações já existentes. Talvez a pressa da Organização em se conter, a todo custo, o BEPS possa não estar mais sendo algo positivo nesse sentido.

Ainda que o Pilar 2 proponha uma inédita cooperação multilateral de harmonização tributária global, pode-se questionar se o desenvolvimento das legislações CFC para se alcançar um parâmetro comum não traria maiores resultados. Ou seja, talvez a criação de uma nova medida ao invés do desenvolvimento das ações já em curso poder ser menos eficaz e célere.

Os planos teóricos que vêm sendo discutidos desde 2013 são, por certo, relevantes no cenário internacional, e, em especial pela falta de dados acerca dos resultados iniciais, deveriam conter o desenvolvimento de novas medidas amplas e priorizar as ações já em curso. Nessa mesma linha de raciocínio são as palavras de Johanna Hey (2022, p. 2):

> *The problem starts at the beginning of the BEPS process. At no point was the magnitude of the BEPS problem remotely quantified. Surely, there were very prominent cases of big tech companies (GAFA – Google, Apple, Facebook, Amazon) paying almost no tax. Maybe this issue has already been solved at large by the US GILTI legislation? That is not known. Since 2015, countries followed the OECD recommendation of 2015 and implemented anti-BEPS measures. By now, dozens of countries apply CFC rules. However, it is still too early to evaluate with sufficient certainty the effects of the 2015 reports. A comprehensive impact assessment is lacking that would allow us to substantiate the size and quality of remaining BEPS challenges.*

Nesse mesmo sentido, cumpre ressaltar também os entendimentos dos Professores Allison Christians e Stephen Shay (2017, p. 36):

> *The G20/OECD BEPS project has been extraordinary in the speed and technical competence with which it has developed complex operational cross-border tax rules, developed an infrastructure to modify a global network of bilateral income tax treaties, and built wholly new tax administration coordination and*

> *transparency systems. All of this has been directed at the demonstrated ability of multinational enterprises to exploit international tax regimes to avoid taxes in degrees that are broadly viewed as harmful rather than welfare enhancing. But it is still too early to reach judgements on the success or lack thereof of the BEPS project. Indeed, at this point it is difficult to gauge the full extent to which jurisdictions will in fact adhere to or defect from the rules. The branch reports for EU Member States show that actions of the EU are powerfully supporting BEPS implementation, even though domestic implementation of directive rules remains incomplete. The MLI (now referred to as the Multilateral Convention to Implement Tax Treaty related Measures to Prevent BEPS), whose initial signing ceremony will take place as this report is published, is a powerful tool for implementing treaty-related BEPS items, but it will take considerable time for even initial signatories' agreements to enter into force and years for the convention's mechanism to have full effect.*

Ressalte-se, inclusive, que antes da publicação do *Blueprint*, em que não havia a inovação com a disposição da "*substance-based income exclusion*", a necessidade de o Pilar 2 e a legislação CFC não possuírem o mesmo escopo foi levantado por alguns doutrinadores[111], em especial por retirar o ineditismo da nova ação da OCDE. Além disso, o principal ponto é que o alcance de uma tributação extensiva já existe com as normas CFC, de modo que seria interessante que a nova medida possuísse um escopo e um objetivo distintos (PISTONE e col., 2020, p.15), *in verbis*:

> *One should note that it is also necessary to avoid mismatches due to the concurrent application of the CFC rules with the income inclusion rule. The specific relation will depend on how the GloBE rules are ultimately designed. CFC rules apply in instances of abuse or risk of abuse. In either case, CFC rules may already neutralize the race to the bottom. GloBE should apply in a subsidiary fashion and only to the extent that CFC rules are not already effective. This often happens with Subpart F of the US Internal Revenue Code because of its many exceptions or the possibility to check the boxes.*

Diante disso, como destacado no começo desse tópico, dúvida que persiste é se não seria mais eficaz desenvolver o Plano de Ação 3 da OCDE – voltado justamente para o fortalecimento das legislações CFC – do que trazer uma inovação para posterior ratificação e adequação da medida pelas jurisdições. É o que se passa, portanto, a ser debatido a seguir.

---

[111] Johanna Hey, João Nogueira, Joachim Englisch e Johannes Becker são alguns exemplos.

2.2. O PLANO DE AÇÃO Nº 3 – O FORTALECIMENTO DAS REGRAS CFC

2.2.1. CONTEXTO INICIAL

Mesmo com a existência de várias diferenças quanto à forma e à aplicabilidade pelos países, é certo que na era BEPS, uma legislação que previna a falta de recolhimento tributário, em especial pelas estruturas artificiais, se tornou de supra importância. A partir do momento em que é possível a desconsideração de planejamentos realizados pelos contribuintes no intuito de se burlar a tributação, as normas CFC passaram a ter papel fundamental para a OCDE na contenção da erosão da base tributária dos Estados e da transferência de lucros para jurisdições como os paraísos fiscais e regimes fiscais privilegiados.

Em fevereiro/2013, foi publicado o relatório internacional mais importante sobre esse assunto (OECD, 2013). Foi abordado a problemática da globalização e como o fluxo de capitais entre os países proporcionou cada vez mais a fuga de dinheiro para tais regiões. Além disso, referido estudo também identificou as estratégias societárias e fiscais adotadas pelos grandes contribuintes para transferir montantes vultosos para jurisdições desprovidas de tributação (OECD, 2013, p. 8).

Foi a partir desse longo relatório que os Estados perceberam a necessidade de atuarem em conjunto e de forma cooperada para enfrentar a questão da dupla não-tributação da renda, em especial pelo rombo nos cofres públicos ocorrido em razão do desembolso cada vez menor dos grandes contribuintes (OECD, 2013, p. 11). A questão, inclusive, ultrapassou a esfera tributária, passando-se a discutir a falta de moralidade das multinacionais colocando-as, em certo ponto indevidamente, como "vilões"[112] da sociedade.

Diz-se como "inapropriado", pois uma caracterização negativa genérica colocando todos os planejamentos e estruturas corporativas como burladoras do sistema tributária não deve ser feita. A escolha de regimes mais vantajosos e a elaboração de cadeias societárias/planejamentos tributários são possibilidades asseguradas aos contribuintes, de modo que generalizar como imoral e ilegal a busca ampla pelo lucro é ser extremamente radical. Os Estados, ainda que tenham o direito

---

[112] https://www.cnbc.com/2022/04/14/how-companies-like-amazon-nike-and-fedex-avoid-paying-federal-taxes-.html. Acesso em 08 de junho de 2022.

de impor aos seus cidadãos o efetivo recolhimento de impostos, não o devem fazer de forma ampla e desconsiderando que os contribuintes também possuem direitos.

Desse modo, se de um lado há o dever de se pagar tributos, por outro, existe a possibilidade de se escolher a melhor alternativa tributária (*most favourable tax route principle*)[113]. Desde que não se tenham abusos ou arranjos artificiais, posição inclusive confirmada pela ECJ no *Halifax Case*[114], os contribuintes podem realizar planejamentos nesse sentido.

Considerando os precedentes europeus aqui já mencionados, a OCDE dedicou sua atenção, em especial com a Ação nº 3, aos negócios jurídicos artificiais, e não às estruturas concretas e com atividades reais. É, na verdade, o planejamento tributário "agressivo" o foco da Organização que, com a referida medida, objetivava melhorar as regras anti-abuso (OECD, 2013, p. 16), conforme descrito a seguir:

---

[113] *"The vast majority of countries recognize the right of taxpayers to arrange their affairs in a way that attracts minimum tax liability. On the other hand, behaviors that are solely or mainly tax driven are generally counteracted with legislative or judicial provisions"* (FINNERTY e col., 2007, p. 48).

[114] ECJ, 21 February 2006, Case C-255/02 Halifax plc, Leeds Permanent Development Services Ltd and County Wide Property Investments Ltd v Commissioners of Customs & Excise. Em síntese, trata-se de caso relacionado à Halifax, instituição bancária e cuja maioria dos serviços prestados é isenta do pagamento de VAT, que foi autuada pelas autoridades fiscais inglesas por supostamente ter celebrado contrato com a Leeds Development apenas para se beneficiar de deduções desse imposto. Para o Fisco, tratava-se de estrutura abusiva criada apenas com a finalidade de se obter vantagem tributária. Isso porque, na sua visão, os contratos existentes entre a partes diferenciam-se das operações realizadas entre elas, tendo em vista que, apesar de se estar diante de uma relação bilateral, a Halifax recebeu prestações de serviços dos construtores independentes, e não diretamente da Leeds Development e, por isso, ela não poderia deduzir o VAT sobre tais trabalhos. Nada obstante a posição das autoridades fiscais, a Corte destacou que os contribuintes têm o direito de escolher livremente a estrutura da sua atividade de forma a minimizar os impactos tributários e, assim, recolher menos impostos. Conforme item 73 do acórdão: *"Moreover, it is clear from the case-law that a trader's choice between exempt transactions and taxable transactions may be based on a range of factors, including tax considerations relating to the VAT system (see, in particular, BLP Group, paragraph 26, and Case C-108/99 Cantor Fitzgerald International [2001] ECR I-7257, paragraph 33). Where the taxable person chooses one of two transactions, the Sixth Directive does not require him to choose the one which involves paying the highest amount of VAT. On the contrary, as the Advocate General observed in point 85 of his Opinion, taxpayers may choose to structure their business so as to limit their tax liability."*

> New international standards must be designed to ensure the coherence of corporate income taxation at the international level. BEPS issues may arise directly from the existence of loopholes, as well as gaps, frictions or mismatches in the interaction of countries' domestic tax laws. These types of issues generally have not been able to deal with by OECD standards or bilateral treaty provisions. There is a need to complement existing standards that are designed to prevent double taxation with instruments that prevent double non-taxation in areas previously not covered by international standards and that address cases of no or low taxation associated with practices that artificially segregate taxable income from the activities that generate it. Moreover, governments must continue to work together to tackle harmful tax practices and aggressive tax planning.

Especificamente sobre o fortalecimento das normas CFCs, como a legislação referente às empresas estrangeiras controladas foi ganhando a atenção dos países nos últimos anos, em especial por estar diretamente ligada aos planejamentos tributários considerados "agressivos" pela comunidade internacional, reservou-se a essa sistemática o específico Plano de Ação nº 3[115]. No entanto, em razão da diversidade de interesses e das especificidades das inúmeras legislações de cada jurisdição, alinhar as expectativas dos Estados sobre um desenho global das regras CFC não foi tarefa simples.

Apesar do alinhamento em diversas jurisdições, um desenvolvimento de uma legislação obrigatória para todos não foi efetivado. Como destacado pelo saudoso Professor Alberto Xavier (2015, p. 289), "*a proteção da riqueza de uns tem, como efeito colateral, a diminuição potencial da riqueza de outros.*". Nesse cenário e apesar da dificuldade, após 2 (dois) anos de intensos debates, o relatório final foi produzido pela OCDE.

2.2.2. O DESIGNING EFFECTIVE CONTROLLED FOREIGN COMPANY RULES – FINAL REPORT

Conforme acima destacado, a simples obtenção de vantagens fiscais pelos contribuintes não é proibida pela OCDE no âmbito do Projeto BEPS, desde que não tenha como único intuito o mínimo recolhimento de tributos com estruturas artificiais. Com efeito, havendo efetiva "substância" nas sociedades estrangeiras, a doutrina majoritária enten-

---

[115] Destaque-se também que, em relação aos planejamentos tributários agressivos, o Plano de Ação nº 12 prescreve: "*Require taxpayers to disclose their aggressive tax planning arrangements*".

de que *não há que se falar na aplicação automática das regras* CFC, *sendo plenamente aceitável o estabelecimento de controladas em territórios com baixa tributação.*

Nesse contexto e após as intensas discussões travadas sobre o escopo do Plano de Ação 3, foi publicado o documento final intitulado como *"Designing Effective Controlled Foreign Company Rules – Final Report"* (OECD, 2015). Nele foram destacados os elementos constitutivos necessários para que as regras CFC fossem efetivadas e/ou aprimoradas, ressaltando, para tanto, que as mesmas não poderiam ser consideradas como *"minimum standards"*. Foi exaltado, na verdade, que tais orientações foram desenhadas para assegurar que aqueles que decidissem pela sua implementação editassem regras que efetivamente eliminassem como um todo a transferência dos lucros das empresas para suas subsidiárias no exterior.

O Relatório Final trouxe ainda 6 (seis) "blocos de construção" (*"building blocks"*) que seriam necessários para compor uma efetiva regra de CFC, quais sejam, (i) o conceito de CFC; (ii) as suas isenções e os seus limites; (iii) a sua definição, (iv) a apuração das rendas; (v) a imputação das suas rendas; e (vi) a prevenção e a eliminação da dupla tributação. Como a descrição desses itens é importante para que se comprove a similaridade com o Pilar 2, a seguir passa-se a detalhá-los[116].

No que tange ao conceito de CFC no Relatório, a OCDE estabeleceu duas recomendações. A primeira é a adoção de uma definição que não seja restrita a um determinado grupo, de modo que as regras seriam aplicáveis também às entidades transparentes (*partnerships* e *trusts*) e estabelecimentos permanentes (EP). Além disso, o relatório sugere a adoção de uma norma híbrida que impeça o afastamento das legislações CFC quando houver tratamento tributário distinto em pelas jurisdições[117].

---

[116] Cada recomendação foi retirada diretamente do Relatório Final da OCDE e, em alguns casos, apenas traduzidos. Ademais, para uma leitura completa, verificar: QUEIROZ e col., 2016, p. 195.

[117] *"24. In the context of whether an entity is of the type that would be considered a CFC, the recommendation is to broadly define entities that are within scope so that, in addition to including corporate entities, CFC rules could also apply to certain transparent entities and permanent establishments (PEs) if those entities earn income that raises BEPS concerns and those concerns are not addressed in another way. A further recommendation is to include a form of hybrid mismatch rule to prevent entities from circumventing CFC rules through different tax treatment in different jurisdictions."*. p. 21.

A segunda orientação é aplicar os testes de controles jurídico ou econômico para, no caso de resultado positivo em qualquer um deles, haver a aplicação automática dessas regras. Além disso, é recomendado o tratamento de uma entidade estrangeira como uma controlada quando houver, no mínimo, controle, direto ou indireto, de mais de 50%, percentual que, todavia, pode ser alterado pelas jurisdições[118].

Sobre esse aspecto, o Pilar 2 e as regras CFC são muito semelhantes, eis que para a incidência desses institutos é necessário, primeiramente, verificar a existência de uma cadeia societária em que de fato haja qualquer tipo de controle de uma empresa sobre outra. Em caso positivo, tanto as normas CFC quanto as GloBE poderão ser aplicadas.

Quanto às isenções e aos limites das CFC, a recomendação é não aplicar esse tipo de regramento a todos os casos[119]. Com essa visão, a preocupação da Organização é quando as normas CFC são usadas para gerar o BEPS, não devendo, consequentemente, serem aplicadas como um tipo amplo e geral de tributação.

Para tanto, o Relatório destacou três diferentes situações de inaplicabilidade dessa legislação: (i) quando o lucro gerado pela controlada for inferior a um determinado montante; (ii) quando não se tratar de situação em que o propósito negocial era evitar o recolhimento de tributos; ou (iii) quando a controlada estrangeira estiver sujeita a um certo tipo de tributação[120].

---

[118] "25. *In the context of control, the recommendation is that CFC rules should at least apply both a legal and an economic control test so that satisfaction of either test results in control. Countries may also include de facto tests to ensure that legal and economic control tests are not circumvented. A CFC should be treated as controlled where residents (including corporate entities, individuals, or others) hold, at a minimum, more than 50% control, although countries that want to achieve broader policy goals or prevent circumvention of CFC rules may set their control threshold at a lower level. This level of control could be established through the aggregated interest of related parties or unrelated resident parties or from aggregating the interests of any taxpayers that are found to be acting in concert. Additionally, CFC rules should apply where there is either direct or indirect control.*". p. 21.

[119] "51. *The recommendation is to include a tax rate exemption that would allow companies that are subject to an effective tax rate that is sufficiently similar to the tax rate applied in the parent jurisdiction not to be subject to CFC taxation. The effect of this tax rate exemption would be to subject all CFCs with an effective tax rate meaningfully below the rate applied in the parent jurisdiction to CFC rules. This exemption could be combined with a list such as a white list.*". p. 21.

[120] "52. *Three different types of CFC exemptions and threshold requirements were considered by the countries involved in this work: 1. A set de minimis amount below which the*

Sobre esse ponto específico, alguns comentários merecem destaque. Tão quanto as normas CFC, o Pilar 2 (i) observa um montante mínimo de lucro a ser gerado pela controlada (EUR 750 MM) no qual (ii) o imposto complementar será exigido no caso de recolhimento tributário mínimo ou nulo pela controlada em razão (após verificação da previsão da "*substance-based income exclusion*") (iii) da alíquota efetiva de sua jurisdição estar abaixo do mínimo global de 15%. Em outras palavras, novamente o Pilar 2 e as regras CFC se aproximam em relação ao seu escopo e objetivo, isentando similares estruturas dos efeitos de ambas as medidas.

Já no que tange à aplicação do limite, o Relatório dispõe ser necessário fazer uma comparação entre o imposto recolhido no Estado de residência da controladora e o imposto pago no país de residência da controlada para, dessa forma, excluir as entidades que não representam risco de transferência dos lucros para outras localidades. Neste caso, apesar de similares, a nova diretiva será sempre aplicada nos casos de alíquotas efetivas inferiores a 15%, podendo surtir efeitos ou não a depender dos montantes ligados aos ativos tangíveis e às folhas de pagamento.

O Relatório descreve também várias abordagens para a conceituação de renda, sem, contudo, caracterizá-la de forma definitiva a ser seguida pelo Estados[121]. Para alguns doutrinadores (ROCHA, 2022, p. 380), o fato de a OCDE dispor dessa forma sem limitar o conceito de uma CFC é suficiente para afirmar que os sistemas de inclusão plena (*full inclusion system*) devem ser reconhecidos como legislações CFC, ainda que não observem a tributação automática apenas nos casos de abuso.

CFC rules would not apply 2. An anti-avoidance requirement which would focus CFC rules on situations where there was a tax avoidance motive or purpose 3. A tax rate exemption where CFC rules would only apply to CFCs resident in countries with a lower tax rate than the parent company.". p. 33.

[121] "73. This report recommends that CFC rules should include a definition of income that ensures that income that raises BEPS concerns is attributed to controlling shareholders in the parent jurisdiction. At the same time, it recognises the need for flexibility to ensure that jurisdictions can design CFC rules that are consistent with their domestic policy frameworks. Jurisdictions are free to choose their rules for defining CFC income, including from among the measures set out in the explanation section below. This choice is likely to be dependent on the degree of BEPS risk a jurisdiction faces.". p. 43.

Não compartilhamos, contudo, dessa visão. Ao iniciar o capítulo sobre "definição da renda CFC"[122], a recomendação da OCDE é no sentido de que as normas CFC devem ser aplicadas às situações que possam proporcionar o BEPS. Consequentemente, para se atribuir à controladora os lucros gerados pela controlada estrangeira, deve-se verificar se há possibilidade efetiva de haver transferência de lucros e erosão da base tributária dos Estados. Desse modo, independentemente de as jurisdições poderem escolher livremente o alcance das regras CFC, a problemática do BEPS deve ser levada em consideração.

Vale ressaltar, inclusive, que um possível impacto na competitividade foi levantado no relatório[123]. Em especial com uma tributação ampla e irrestrita, as subsidiárias estrangeiras pertencentes a empresas residentes em outras jurisdições serão tributadas de forma mais rígida do que as empresas locais no país estrangeiro.

Portanto, ainda que o Relatório não traga um conceito fechado, tais especificidades deveriam ser levadas em considerações pelos Estados. O requisito "abuso", mesmo que não listado como obrigatório, portanto, precisaria ter importância quando da aplicação das normas CFC.

Em sentido oposto, porém, quanto ao lucro da entidade estrangeira, o Relatório retratou que as jurisdições costumam optar por dois tipos diferentes de tratamento, quais sejam, (i) inclusão de todo esse

---

[122] OECD, 2015c, p. 43.

[123] "14. *In designing CFC rules, a balance must be struck between taxing foreign income and the competitiveness concerns inherent in rules that tax the income of foreign subsidiaries. CFC rules raise two primary types of competitiveness concerns. First, jurisdictions with CFC rules that apply broadly may find themselves at a competitive disadvantage relative to jurisdictions without CFC rules (or with narrower CFC rules) because foreign subsidiaries owned by resident companies will be taxed more heavily than locally owned companies in the foreign jurisdiction. This competitive disadvantage may in turn lead to distortions, for instance it may impact on where groups choose to locate their head office or increase the risk of inversions, and it may also impact on ownership or capital structures where groups attempt to avoid the impact of CFC rules.5 CFC rules can therefore run the risk of restricting or distorting real economic activity. Second, multinational enterprises resident in countries with robust CFC rules may find themselves at a competitive disadvantage relative to multinational enterprises resident in countries without such rules (or with CFC rules that apply to a significantly lower rate or narrower base). This competitiveness concern arises because the foreign subsidiaries of the first MNEs will be subject to a higher effective tax rate on the income of those subsidiaries than the foreign subsidiaries of the second MNEs due to the application of CFC rules, even when both subsidiaries are operating in the same country.".* p. 15-16.

montante da CFC ou (ii) apenas a consideração parcial desse valor. O objetivo da definição do lucro de uma controlada situada no exterior é averiguar se o gerado por ela de fato pode estar ligado à erosão da base tributária e da transferência de lucros e, em caso positivo, se estes devem, consequentemente, ser atribuídos a seus controladores ou sócios (ROCHA, 2022, p. 379).

Ademais, a noção de lucro é relevante para a apuração das rendas da controlada e, por isso, quatro alternativas foram consideradas pela OCDE (2015, p.57): (i) legislação da jurisdição da controladora; (ii) legislação da jurisdição da controlada; (iii) opção do contribuinte; ou (iv) utilização de um padrão internacional (*International Financial Reporting Standards – IFRS*). Além disso, foi recomendado que deve haver uma regra específica para limitar a compensação dos prejuízos gerados pelas controladas, sendo certo que eles somente podem ser utilizados contra lucros auferidos ou pela mesma CFC ou por outra controlada no mesmo país.

Aqui igualmente se tem que os institutos se aproximam. Uma vez que, de acordo com o Pilar 2, a renda da controlada é ajustada pelas próprias deduções permitidas para que, após o cálculo da alíquota efetiva, seja procedido o imposto complementar[124], a similaridade dos institutos é grande.

Todos os pontos acima destacados são de suma relevância para se alcançar o objetivo final: imputar a renda da CFC para a sua controladora sediada em outra jurisdição. Com efeito, sobre esse tópico, o Relatório Final descreve um processo de cinco etapas para essa atribuição para, consequentemente, determinar: (i) quais são os contribuintes que terão seus rendimentos atribuídos a outra pessoa; (ii) o quanto da renda da controladora será imputado; (iii) o momento em que os montantes serão incluídos nas declarações da controlada; (iv) o tipo de tratamento que será dado à renda; e (v) a alíquota que incidirá sobre tais rendimentos[125]. Especificamente sobre o Pilar 2, é essa linha que se pretende seguir para, ao final, também imputar a renda para a Matriz Final.

---

[124] *"Art. 5. Computation of Effective Tax Rate and Top-up Tax."*

[125] *"110. Income attribution can be broken into five steps: (i) determining which taxpayers should have income attributed to them; (ii) determining how much income should be attributed; (iii) determining when the income should be included in the returns of the taxpayers; (iv) determining how the income should be treated; and (v) determining what tax rate should apply to the income."* p. 61.

Por fim, quanto à prevenção e a eliminação da dupla tributação, ainda que o cenário internacional seja o combate à dupla não-tributação, vale esclarecer que as normas CFC, ainda que visem a um recolhimento tributário mais justo e coerente, não podem resultar em um fardo para o contribuinte[126]. Logo, esse tipo de legislação não pode gerar uma dupla tributação para as empresas.

É por isso que o Relatório Final observa três situações (não exaustivas) em que possa ocorrer a dupla tributação: (i) casos em que a renda da CFC já foi devidamente taxada no seu Estado de Residência e ainda está sujeito a imposto também no país da controladora; (ii) situações em que as regras CFC de mais de um país são aplicáveis ao mesmo lucro CFC; e (iii) quando uma CFC distribui dividendos à sua controladora quando o lucro já foi devidamente atribuído ao seu sócio. Como se trata apenas de exemplos, e não uma lista taxativa, a OCDE (2015, p. 65) destaca que outras situações podem existir, sendo certo que caberá a legislação doméstica dos países o combate a dupla tributação.

Novamente, o Pilar 2 e as normas CFC assumem um papel muito semelhante. Ainda que objetivem um recolhimento mínimo, se preocupam também em não criar situações danosas aos contribuintes que levem à dupla tributação da renda.

Mesmo com a importância dos referidos blocos de construção, não se sabe ao certo os efeitos e as consequências desse Relatório Final. Há quem defenda, por outro lado, que o Plano de Ação nº 3 fracassou (DOURADO e AVI-YONAH, 2013, p. 64), como descrito a seguir:

> (...) the Final Report on Action 3 of the BEPS G20/OECD Project was a complete failure. Not only did it fail to require, or even recommend, that countries adopt CFC rules, it also failed to provide any guidance on designing tax policy for countries that might want to adopt CFC rules or improve their existing rules. Why was Action 3 a complete failure when other BEPS G20/OECD Project action items resulted in minimum standards and firm recommendations that were adopted by several countries? My guess is that the failure of Action 3 reflects the schizophrenic attitude of developed countries towards the BEPS G20/OECD Project. (ARNOLD, 2019, p. 12)

---

[126] *"121. This chapter sets out recommendations for the sixth and final CFC building block on rules to prevent or eliminate double taxation. As discussed in Chapter 1, one of the fundamental policy considerations raised by CFC rules is how to ensure that these rules do not lead to double taxation, which could pose an obstacle to international competitiveness, growth and economic development."* p. 65.

Independentemente da posição que se adote, seja no sentido de que ainda não se pode afirmar pelo insucesso do Plano de Ação nº 3, seja na linha de que ele foi efetivamente um fracasso, é certo que, apesar de muito bem delineado, pelo desenvolvimento e expansão das grandes empresas tecnológicas, a atenção da OCDE atualmente voltou-se para a implementação do Plano de Ação nº 1. Assim sendo, a ênfase, em algo distinto da tributação das gigantes tecnológicas, não mais aconteceria.

Nada obstante a relevância e necessidade de uma medida específica para conter o BEPS advindo do mundo digital, o esquecimento das demais ações desenvolvidas pela própria OCDE não deveria ter ocorrido. Em outras palavras, ainda que se priorize uma diretiva em detrimento da outra, o desenvolvimento do Plano de Ação nº 3 não deveria ter sido superado.

O pacote criado pela Organização, ainda que se trate apenas de uma recomendação, trouxe uma forte movimentação dos países de alteração dos seus respectivos sistemas tributários. Não foi diferente com o Plano de Ação nº 3 e a consequente atualização das normas CFC por diversas jurisdições[127]. Assim, se, por um lado, os ideais da OCDE são importantes para a contenção do BEPS, até que ponto este plano de ação é importante no contexto atual de desenvolvimento do Pilar 2, que nada mais é do que uma subdivisão do Plano de Ação nº 1? Ou ainda: até que ponto o Pilar 2 difere do Plano de Ação nº 3 na sua essência?

A agilidade com que a OCDE trata as novas medidas que estão sendo desenvolvidas em um cenário em que ainda não há resultados concretos decorrentes das ações anteriores por ela mesma lançadas pode acarretar mais questionamentos para os Estados sobre qual orientação de fato deve ser internalizada. Nesse sentido, a dúvida que pode existir é se é mais prudente o reforço das normas CFCs, para, desse modo, alinhar-se às premissas do Plano de Ação nº 3, ou se implementar internamente as regras do Pilar 2. Nesse sentido, vale colacionar a seguinte crítica (QUEIROZ e col., 2016, p. 195):

> (...) é muito difícil determinar o resultado preciso do Plano de Ação BEPS, em especial quanto ao Plano de Ação 3. Juntamente com medidas individuais dos Estados é possível que algumas recomendações da OCDE possam proporcionar uma repartição mais equitativa dos direitos de tributação, ao

---

[127] https://www2.deloitte.com/content/dam/Deloitte/global/Documents/Tax/dttl-tax-beps-action-3-cfcs-implementation-matrix.pdf. Acesso em 02 de agosto de 2022.

passo que outras são voltadas única e exclusivamente para reforçar a competência tributária dos países desenvolvidos. Resta apenas saber quando e quais efeitos pretendidos serão alcançados.

Dessa forma, a seguir, passa-se a discorrer com mais profundidade se a atenção da OCDE deveria ter sido voltada para o desenvolvimento do Plano de Ação nº 3 ao invés da criação de uma nova diretiva como o Pilar 2.

2.3. HÁ UMA EFETIVA NECESSIDADE DO PILAR 2 COM O PLANO DE AÇÃO Nº 3?

Como demonstrado acima, no que tange ao fortalecimento das normas CFC, tendo em vista que a legislação referente às empresas estrangeiras controladas foi ganhando a atenção da OCDE nos últimos anos, reservou-se a elas o específico Plano de Ação nº 3. O *"Designing Effective Controlled Foreign Company Rules – Final Report"* foi publicado em 2015 e destacou a necessidade de implementação das orientações da Organização através da adaptação das leis domésticas dos países, bem como com a atualização dos TDTs existentes, inclusive com a negociação posterior de um instrumento multilateral (*Multilateral Convention to Implement Tax Related Measures to Prevent Base Erosion and Profit Shifting* ou, simplesmente, MLI)[128].

Como essa medida é muito semelhante ao Pilar 2, dúvida que pode existir é se a OCDE deveria ter aguardado o desenvolvimento do plano de ação voltado ao fortalecimento das normas CFC pelos países ao invés de ter criado uma outra diretiva. Nesse contexto, faz-se necessário, portanto, trazer alguns exemplos específicos de atualizações legislativas que vêm ocorrendo em diversas jurisdições desde a publicação do Relatório Final até os dias atuais.

Isso porque, com a exposição dos casos concretos, será possível verificar que as jurisdições têm trabalhado constantemente em se adaptar às premissas da Organização, em especial no que tange à contenção do BEPS. Nesse cenário, a adaptação à novas orientação da OCDE pode não ser uma tarefa tão fácil.

---

[128] Sobre a importância desse instrumento, verificar: ESTRADA e col., 2016. p. 299-321.

Como exemplo inicial (QUEIROZ e SAUNDERS, 2019, p. 97-116), pode-se citar a revisão legislativa ocorrida no Japão em 2017[129] aproximando as regras CFC existentes às recomendações propostas pela OCDE. Com a reforma tributária japonesa, o conceito de "empresa estrangeira controlada" passou a ser determinado não apenas por uma baixa alíquota, mas, também, a partir das atividades econômicas exercidas por ela[130]. Essa adaptação se fez importante sobretudo pela ênfase dada no Relatório Final sobre a necessidade de se ter efetiva substância das subsidiárias estrangeiras das MNEs nos locais que residirem[131]. Esse ponto foi, inclusive, o principal motivo da revisão legislativa ocorrida no país.

Com efeito, as principais mudanças foram: (i) no sentido do alargamento do conceito de renda passiva, atingindo montantes que anteriormente não eram classificados dessa maneira; (ii) de que a renda passiva auferida por subsidiária estrangeira que não possua "substância econômica" será computada automaticamente na sua controladora japonesa; e (iii) ainda que a subsidiária estrangeira esteja sujeita à alíquota efetiva inferior a 20%, desde que haja substância, a totalidade dos seus lucros não serão adicionados aos da sua controladora, mas, tão somente a sua renda passiva[132].

Ademais, o lucro de algumas entidades como as "*Paper Companies*" e as "*Cash Boxes*" ou que forem residentes em uma jurisdição considerada como "*black-list*"[133] estarão sujeitas à tributação pelo Japão, com exceção de estarem sujeitas a uma alíquota efetiva maior do que 30%.

---

[129] https://jimin.jp-east-2.storage.api.nifcloud.com/pdf/news/policy/133810_1.pdf?_ga=2.96438428.186223500.1557932184-1275048125.1557932184. Acesso em 28 de junho de 2022.

[130] https://taxsummaries.pwc.com/japan/corporate/group-taxation#:~:text=A%20Japanese%20corporation%20owning%20a,when%20calculating%20its%20undistributed%20income. Acesso em 28 de junho de 2022.

[131] Nesse sentido, vale destacar: "*Including a substance analysis that would only subject taxpayers to CFC rules if the CFCs did not engage in genuine economic activities. Some Member States have already modified their CFC rules so that they do not apply to genuine economic activities and are therefore consistent with their understanding of the ECJ's "wholly artificial arrangements" limitation*". p. 19 do Relatório Final.

[132] https://taxfoundation.org/japanese-cfc-rules-japan-tax/. Acesso em 28 de junho de 2022.

[133] https://www.oecd.org/countries/monaco/list-of-unco-operative-tax-havens.htm. Acesso em 28 de junho de 2022.

Evita-se, assim, novamente a criação de empresas desprovidas de substância cujo principal objetivo é a redução artificial da carga tributária da sua controladora.

Nessa seara, vale citar um importante precedente quanto à aplicabilidade das regras de CFC: o caso "DENSO"[134]. A *Denso Corporation* é uma fabricante mundial de componentes automotivos e fornecedora de tecnologia com sede na cidade de Kariya e que controlava, à época, a *Denso International Asia PTE. LTD.* (DIA), em Cingapura[135]. Como a alíquota corporativa neste local é de apenas 17%, a princípio, as regras CFC seriam automaticamente aplicadas e, com isso, ocorreria a tributação dos lucros auferidos por ela no Japão como se tivessem sido gerados pela controladora japonesa.

Todavia, ao analisar o caso, a Suprema Corte destacou que o total de rendimentos auferidos pela DIA, bem como a sua estrutura e a quantidade de empregados que ela detinha afastariam a possibilidade de tributação pelo Japão. Como restou evidenciado que a subsidiária de fato possuía substância econômica e que havia um propósito negocial para condução das operações em um país com baixa tributação, as normas CFC não foram aplicadas.

Já na União Europeia, em linha com o relatório final, foi publicada a Diretiva Antievasão Fiscal da União Europeia (*European Union Anti-Tax Avoidance Directive* – EUATAD)[136]. Trata-se de um conjunto de propostas apresentado pela Comissão Europeia (CE) em janeiro/2016 e que compôs o Pacote Europeu Antievasão Fiscal (*European Anti Tax Avoidance Package* – EATAP).

Este, por sua vez, foi a tentativa da CE em criar um sistema tributário mais justo, simples e eficiente na UE e conteve inúmeras medidas para o combate do planejamento tributário agressivo e para o aumento da transparência fiscal entre os seus países-membros[137]. O objetivo da CE com o EATAP foi se aproximar das propostas trazidas pelo Projeto BEPS,

---

[134] https://tpcases.com/japan-vs-denso-singapore-november-2017-supreme-court-of-japan/. Acesso em 28 de junho de 2022.

[135] https://www.denso.com/global/en/about-us/download/files/DENSO_brochure_en.pdf. Acesso em 28 de junho de 2022.

[136] https://www.consilium.europa.eu/en/policies/anti-tax-avoidance-package/. Acesso em 28 de junho de 2022.

[137] https://eur-lex.europa.eu/legal-content/EN/TXT/?qid=1454056413880&uri=COM:2016:23:FIN. Acesso em 28 de junho de 2022.

evitando, assim, a evasão fiscal e proporcionando aos países europeus uma arrecadação cada vez maior[138].

Após a sua publicação, em julho/2016[139], a Diretiva EU 2016/1164 tornou-se oficial entre as jurisdições da UE, passando por duas revisões, sendo ambas referentes aos descasamentos híbridos (em uma tradução literal da expressão *hybrid mismatches*)[140] e consolidou 5 (cinco) provisões que devem ser observadas por seus membros. Especificamente para o presente estudo, apenas as recomendações no que tange às regras CFC são as relevantes[141].

---

[138] "*The Anti- Tax Avoidance Directive lays down rules against tax avoidance practices that directly affect the functioning of the internal market. The Anti-Tax Avoidance Directive responds to the BEPS project as well as to demands from the European Parliament, several Member States, businesses and civil society, and certain international partners for a stronger and more coherent EU approach against corporate tax abuse. The schemes targeted by the Anti-Tax Avoidance Directive involve situations where taxpayers act against the actual purpose of the law, taking advantage of disparities between national tax systems, in order to reduce their tax bill.*" In: https://ec.europa.eu/taxation_customs/sites/taxation/files/swd_2016_345_en.pdf. Acesso em 28 de junho de 2022.

[139] https://eur-lex.europa.eu/legal-content/EN/TXT/?uri=uriserv:OJ.L_.2016.193.01.0001.01.ENG&toc=OJ:L:2016:193:TOC. Acesso em 28 de junho de 2022.

[140] https://ec.europa.eu/taxation_customs/sites/taxation/files/com_2016_687_en.pdf. Acesso em 28 de junho de 2022.

[141] "*Article 7. Controlled foreign company rule*

1. The Member State of a taxpayer shall treat an entity, or a permanent establishment of which the profits are not subject to tax or are exempt from tax in that Member State, as a controlled foreign company where the following conditions are met: (a) in the case of an entity, the taxpayer by itself, or together with its associated enterprises holds a direct or indirect participation of more than 50 percent of the voting rights, or owns directly or indirectly more than 50 percent of capital or is entitled to receive more than 50 percent of the profits of that entity; and (b) the actual corporate tax paid on its profits by the entity or permanent establishment is lower than the difference between the corporate tax that would have been charged on the entity or permanent establishment under the applicable corporate tax system in the Member State of the taxpayer and the actual corporate tax paid on its profits by the entity or permanent establishment. For the purposes of point (b) of the first subparagraph, the permanent establishment of a controlled foreign company that is not subject to tax or is exempt from tax in the jurisdiction of the controlled foreign company shall not be taken into account. Furthermore the corporate tax that would have been charged in the Member State of the taxpayer means as computed according to the rules of the Member State of the taxpayer.

2. Where an entity or permanent establishment is treated as a controlled foreign company under paragraph 1, the Member State of the taxpayer shall include in the tax base: (a) the non-distributed income of the entity or the income of the permanent establishment which is derived from the following categories: (i) interest or any other income generated by financial assets; (ii) royalties or any other income generated from intellectual property; (iii) dividends and income from the disposal of shares; (iv) income from financial leasing; (v) income from insurance, banking and other financial activities; vi) income from invoicing companies that earn sales and services income from goods and services purchased from and sold to associated enterprises, and add no or little economic value; This point shall not apply where the controlled foreign company carries on a substantive economic activity supported by staff, equipment, assets and premises, as evidenced by relevant facts and circumstances. Where the controlled foreign company is resident or situated in a third country that is not party to the EEA Agreement, Member States may decide to refrain from applying the preceding subparagraph. or (b) the non-distributed income of the entity or permanent establishment arising from non-genuine arrangements which have been put in place for the essential purpose of obtaining a tax advantage. For the purposes of this point, an arrangement or a series thereof shall be regarded as non-genuine to the extent that the entity or permanent establishment would not own the assets or would not have undertaken the risks which generate all, or part of, its income if it were not controlled by a company where the significant people functions, which are relevant to those assets and risks, are carried out and are instrumental in generating the controlled company's income.

3. Where, under the rules of a Member State, the tax base of a taxpayer is calculated according to point (a) of paragraph 2, the Member State may opt not to treat an entity or permanent establishment as a controlled foreign company under paragraph 1 if one third or less of the income accruing to the entity or permanent establishment falls within the categories under point (a) of paragraph 2. Where, under the rules of a Member State, the tax base of a taxpayer is calculated according to point (a) of paragraph 2, the Member State may opt not to treat financial undertakings as controlled foreign companies if one third or less of the entity's income from the categories under point (a) of paragraph 2 comes from transactions with the taxpayer or its associated enterprises.

4. Member States may exclude from the scope of point (b) of paragraph 2 an entity or permanent establishment: (a) with accounting profits of no more than EUR 750 000, and non-trading income of no more than EUR 75 000; or (b) of which the accounting profits amount to no more than 10 percent of its operating costs for the tax period. For the purpose of point (b) of the first subparagraph, the operating costs may not include the cost of goods sold outside the country where the entity is resident, or the permanent establishment is situated, for tax purposes and payments to associated enterprises.

Article. 8. Computation of controlled foreign company income

1. Where point (a) of Article 7(2) applies, the income to be included in the tax base of the taxpayer shall be calculated in accordance with the rules of the corporate tax law of the Member State where the taxpayer is resident for tax purposes or situated. Losses of the entity or permanent establishment shall not be included in the tax base but may be carried forward, according to national law, and taken into account in subsequent tax periods.

2. Where point (b) of Article 7(2) applies, the income to be included in the tax base of the taxpayer shall be limited to amounts generated through assets and risks which are linked to significant people functions carried out by the controlling company. The attribution of

Nesse contexto, na Finlândia, em agosto/2018, o Ministro das Finanças publicou um anteprojeto de lei para eventuais comentários acerca das emendas à legislação CFC existente no país[142]. O conceito de controle finlandês foi alterado, de modo que o limite de 50% (direta ou indiretamente) foi reduzido a 25% e a previsão de isenção a entidades sediadas em países não destacados na *blacklist* foi devidamente removida da legislação doméstica, o que reforçou a necessidade da existência de substância econômica para afastar a tributação finlandesa dos lucros auferidos por suas subsidiárias no exterior.

No caso de haver um propósito negocial para o estabelecimento de uma subsidiária no exterior, quando se tratar de país pertencente à Área Econômica Europeia (*European Economic Area* – EEA)[143], a tributação pela Finlândia não será permitida. Caso a residência seja estabelecida em uma jurisdição que não pertença à EEA, além da substância como requisito essencial para o afastamento da tributação finlandesa, deve-se haver a previsão de troca de informações entre os Estados.

A intensificação e a atual observância do requisito "substância" a fim de se afastar a legislação CFC poderia gerar um resultado diferente no

---

controlled foreign company income shall be calculated in accordance with the arm's length principle.

3. The income to be included in the tax base shall be calculated in proportion to the taxpayer's participation in the entity as defined in point (a) of Article 7(1).

4. The income shall be included in the tax period of the taxpayer in which the tax year of the entity ends.

5. Where the entity distributes profits to the taxpayer, and those distributed profits are included in the taxable income of the taxpayer, the amounts of income previously included in the tax base pursuant to Article 7 shall be deducted from the tax base when calculating the amount of tax due on the distributed profits, in order to ensure there is no double taxation.

6. Where the taxpayer disposes of its participation in the entity or of the business carried out by the permanent establishment, and any part of the proceeds from the disposal previously has been included in the tax base pursuant to Article 7, that amount shall be deducted from the tax base when calculating the amount of tax due on those proceeds, in order to ensure there is no double taxation.

7. The Member State of the taxpayer shall allow a deduction of the tax paid by the entity or permanent establishment from the tax liability of the taxpayer in its state of tax residence or location. The deduction shall be calculated in accordance with national law."

142 https://www.eduskunta.fi/FI/vaski/KasittelytiedotValtiopaivaasia/Sivut/HE_218+2018.aspx. Acesso em 28 de junho de 2022.

143 A EEA foi criada, em 1994, objetivando a livre circulação de bens, serviços, pessoas e capitais (as quatro liberdades fundamentais europeias).

caso KHO:2011:42 julgado pela Suprema Corte em novembro/2012[144]. O processo, resumidamente, trata de uma *holding* estabelecida em Cingapura controlada por uma empresa localizada na Holanda que, por sua vez, era controlada por uma empresa localizada na Finlândia. À época, o controle indireto acarretava a aplicação das regras CFC finlandesas, porém o tratado entre as jurisdições não permitia a tributação por essa jurisdição.

Ainda que Cingapura não estivesse na *blacklist* no ano da discussão (2009) e sendo certo que essa foi a razão de não haver a aplicação das normas CFC, hoje o resultado poderia ser diferente no caso de não haver um propósito negocial para o estabelecimento de uma *holding* em seu território, que, imediatamente, permitiria a alocação dos seus lucros em sua controladora finlandesa.

Uma das reformas tributárias mais importantes ocorreu na Áustria. O país, antes conhecido pela ausência das normas CFC, instituiu esses dispositivos para se aproximar das recomendações da OCDE, bem como estar em linha com a ATAD. Assim, em abril/2018, foi publicado um projeto de Emenda Tributária, o denominado *Jahressteuergesetz*[145] que trouxe inúmeras alterações nos dispositivos austríacos especialmente nas regras das controladas no exterior e nas normas referentes ao *International Participation Exemption*[146].

Por fim, vale citar outro importante precedente. Apesar de não ser membro da Organização, a China, além de observar muitos dos dispositivos elencados na Convenção Modelo, participa recorrentemente dos diversos encontros promovidos pela OCDE e já reconheceu a urgência de se discutir o BEPS visando ao combate da evasão fiscal e à promoção da transparência fiscal e da troca automática de informações[147].

Diante disso, os tributaristas começaram a rediscutir a matéria com o intuito de propor uma revisão fiscal no país. Em particular, foram identificadas 2 (duas) principais práticas e estruturas de erosão da

---

[144] http://www.mondaq.com/x/135676/Income+Tax/Finnish+Supreme+Administrative+Court+Case+Concerning+CFC+Legislation. Acesso em 19.05.2010.

[145] https://www.ey.com/Publication/vwLUAssets/2018_Gesetzgebung_Jahressteuergesetz/$FILE/EY_2018.pdf. Acesso em 28 de junho de 2022.

[146] O regime fiscal do *Participation Exemption* isenta determinadas rendas, tais como os dividendos e os ganhos de capital.

[147] http://www.g20.utoronto.ca/2013/2013-0906-declaration.html. Acesso em 28 de junho de 2022.

base tributária mais comuns na China, quais sejam, os métodos de preços de transferência adotados pelas multinacionais e as inúmeras subsidiárias de controladoras chinesas desprovidas de substâncias econômicas estabelecidas em jurisdições de baixa tributação e nos paraísos fiscais[148].

Objetivando alterar essa situação, a Administração Tributária Chinesa (*China's State Administration of Taxation* – SAT) iniciou as medidas para se aproximar das ações da OCDE e, em outubro/2015, publicou, em seu *site* oficial, as suas recomendações iniciais[149]. Além disso, o governo chinês criou o *G20 Leading Group* cujo principal objetivo era analisar a legislação doméstica para adequá-la ao Projeto BEPS[150]. Especificamente sobre as regras CFC, o Governo editou as Medidas Especiais de Implementação de Ajuste Fiscal (*Special Tax Adjustment Implementation Measures*)[151], que, apesar de focar nas regras de preço de transferência, dedicou um capítulo exclusivo para as referidas normas.

A breve descrição desses exemplos mostra-se crucial para demonstrar que após o Relatório Final do Plano de Ação nº 3 muitas jurisdições começaram a adaptar as suas legislações internas para estarem em conformidade com o preconizado pela OCDE. Com efeito, o conceito de "substância" para se evitar os *"wholly artificial arrangements"*, como assim descrito no já mencionado *Cadburry Schweppes Case*, vem sendo aprimorado pelos Estados, em especial da UE, na linha desenvolvida pela Organização e, com isso, a tentativa de diminução do BEPS é cada vez mais aprimorada com o fortalecimento da legislação CFC.

Nesse contexto, veja-se, também, os efeitos da reforma ocorrida nos EUA em 2017 que alterou as normas para empresas controladas e para pagamentos para o exterior entre partes relacionadas[152]. Com o *Global Intangible Low-Taxed Income* (GILTI), alguns valores das CFC, que antes eram excluídos da tributação norte-americana, serão agora conside-

---

[148] https://www.un.org/esa/ffd/wp-content/uploads/2014/10/ta-BEPS-%20CommentsChina.pdf. Acesso em 28 de junho de 2022.

[149] http://www.chinatax.gov.cn/n810219/n810724/c1836574/content.html. Acesso em 28 de junho de 2022.

[150] *Idem*.

[151] http://www.chinatax.gov.cn/download/pdf/20171122.pdf. Acesso em 28 de junho de 2022.

[152] https://www.armaninollp.com/articles/gilti-fdii-beat-what-they-mean-us-multinationals/. Acesso em 03 de julho de 2017.

rados repatriados aos EUA para que, dessa forma, seja possível a sua tributação na figura do sócio. A intenção desse ato unilateral, que pode ser descrita como a mesma da OCDE, é prevenir que as MNEs acumulem riquezas em paraísos fiscais ou em regimes fiscais privilegiados[153] evitando, dessa forma, o BEPS.

Soma-se ao GILTI, a previsão contida no *Base Erosion and Anti-Abuse Tax (BEAT)*, que é mais semelhante ao imposto mínimo global instituído pelo Pilar 2. Em suma, com ele, haverá a incidência de um imposto complementar (10%), a ser pago por empresas norte-americanas que aufiram receitas a partir de US$ 500 milhões, no caso de terem ocorridos deduções na base tributária decorrentes de pagamentos efetuados para parte relacionadas sediadas em jurisdições com baixa carga tributária. Da mesma maneira como o GILTI, o BEAT se aproxima dos objetivos da OCDE para eliminação da erosão da base tributária especificamente nos EUA[154].

Destaque-se, inclusive, que os EUA, durante as negociações do Pilar 2, demonstraram interesse no seu desenvolvimento[155], bem como que

---

[153] A Organização inclusive já se manifestou sobre o GILTI nos seguintes termos: "26. While GILTI results largely, but not completely, in a global blending of foreign income and taxes, in a number of other respects, the GloBE rules, as described in this Blueprint, would be more permissive than GILTI, depending also on their final design. These include the carryforward of losses and excess taxes, a broader definition of covered taxes and a carve-out based on a broader range of tangible assets and payroll. Furthermore, GILTI applies without threshold limitations and incorporates expense allocation rules in the calculation of foreign tax credits which can result in effective rates of taxation above the minimum rate. Finally, the GILTI effective rate is currently set at 13.125% and will increase to 16.4% in 2026.

(...) 28. At a technical level further consideration will be given to how the interactions between the GILTI and the GloBE rules would be coordinated. That includes the coordination with the application of the GILTI to US intermediate parent companies of foreign groups headquartered in countries that apply an IIR. Moreover, considering the role of the undertaxed payments rule as a back-stop to the IIR, the Inclusive Framework on BEPS strongly encourages the United States to limit the operation of the Base Erosion and Anti-abuse Tax (BEAT) in respect of payments to entities that are subject to the IIR."

[154] "Both the GILTI and the BEAT are minimum taxes applying to certain multinational corporate taxpayers. Their purpose is to discourage US and foreign corporations from avoiding tax liability by shifting profits out of the United States." (DOURADO, 2022b, p. 393)

[155] Nesse sentido verificar o pronunciamento do Secretário do Tesouro americano, Mr. Mnuchin, no sentido do desacordo dos EUA com o Pilar 1, mas com total apoio para o Pilar 2. Disponível em: https://taxnews.ey.com/news/2019-2131-sec-

o GILTI fosse expressamente considerado como um sistema compatível com a tributação mínima proposta, ainda que haja diferenças entre esses institutos[156]. Por sua vez, a OCDE já se manifestou no sentido que o GILTI alcança efeitos equivalentes às normas GloBE, eis que sujeita a renda de controladas estrangeiras a uma tributação mínima pela controladora (OECD, 2020, p. 19).

Ainda que essas medidas norte-americanas demonstrem, a princípio, que atos unilaterais podem introduzir um imposto mínimo e efetivamente conterem o BEPS, o receio da OCDE com exemplos isolados, e não de forma agrupada entre os Estados, é que a falta de coordenação e cooperação entre os países podem ocasionar uma dupla tributação da renda. Além disso, quando se está diante de inúmeras legislações individuais distintas, o aumento do custo com *compliance* certamente ocorrerá, pois os contribuintes deverão estar atentos para cumprir com o disposto nos locais em que operam de forma individualizada, e não de uma maneira ampla.

Por ter um enfoque maior do que o GILTI e o BEAT, a *Global Anti-Base Erosion Proposal* visa, com a imposição de um pagamento de um imposto mínimo por um grupo específico de contribuintes, alinhar as jurisdições como um todo, diminuindo, por conseguinte, os planejamentos tributários que alocam lucros em jurisdições com menor carga. Por mais que as comparações com a reforma dos EUA sejam inevitáveis, a sua amplitude é maior.

Os exemplos aqui mostrados acabam por trazer uma dúvida que se mostra pertinente: até que ponto o Pilar 2, em um contexto de adaptação das jurisdições ao modelo global de normas CFC com a consequente taxação das MNEs quando suas subsidiárias forem desprovidas de substâncias, é necessário, em especial após o disposto na *"substance-based income exclusion"*. Ora, se com a nova medida internacional visa-se a impor uma tributação mínima para empresas que contêm cadeias societárias artificiais em jurisdições com baixa carga tributária, ela, em nada, se afasta do objetivo central do Plano de Ação nº 3.

---

mnuchin-tells-oecd-us-has-serious-concerns-over-pillar-1. Acesso em 12 de janeiro de 2023.

156 Para mais detalhes sobre esses dois sistemas, verificar: JUNGE, Aaron; VILLENEUVE, Ege Berber. Coordinating Pillar 2 With the U.S. GILTI Regime. In: Tax Notes. Disponível em: https://www.taxnotes.com/special-reports/global-intangible-low-taxed-income-gilti/coordinatingpillar-2-us-gilti-regime/2020/10/02/2d01h. Acesso em 12 de janeiro de 2023.

Diante disso, há que se dividir o Pilar 2 em dois momentos para se comparar às regras CFC: antes e depois da previsão da *"substance-based income exclusion"*. No seu momento inicial, a intenção da nova ação da OCDE era uma imposição obrigatória em todos os casos em que houvesse operações em jurisdições com baixa carga tributária. Nessa específica situação, enquanto as normas CFC se concentravam nas regras internas de cada Estado, o Pilar 2 seria mais amplo e uniforme.

Em outras palavras, nas discussões iniciais, o alcance da GloBE era maior do que a legislação CFC, pois ao passo em que as regras CFCs alcançariam somente as estruturas abusivas e artificiais, o Pilar 2 se propunha a tributar as MNEs como um todo independentemente da substância da estrutura societária dos contribuintes. Isso significa que, inicialmente, bastaria um recolhimento de impostos abaixo do mínimo esperado para que um complemento tributário fosse atribuído automaticamente às empresas, o que, por certo, não aconteceria para aplicação da legislação CFC.

Dessa maneira, apesar da relevância desta, a diferença fundamental era que a imposição de uma tributação complementar obrigatória poderia não ocorrer em todos os casos (vide, por exemplo, o caso *Cadburry Schweppes*), enquanto no Pilar 2, um pagamento complementar sempre iria existir quando o mínimo de 15% não fosse observado. Consequentemente, poder-se-ia afirmar que os efeitos dos novos ideias da OCDE seriam mais concretos e mais efetivos no que tange a um recolhimento tributário global por todas as MNEs, independentemente das estruturas societárias criadas[157].

No entanto, essa diferença fundamental foi posta de lado com a previsão contida no art. 5.3 acerca da *"substance-based income exclusion"*. Como agora há a exclusão dos valores oriundos de atividades com efetiva substância do imposto mínimo global ainda que a empresa esteja situada em um país com baixa carga tributária, o Pilar 2 e as regras CFCs passam a ser praticamente sinônimos.

Desse modo, com os *carve-outs* permitidos é possível que a aplicação do imposto mínimo global não traga tantos efeitos ou, em uma situação ainda mais negativa, seja menos eficaz que a aplicação direta da legislação CFC, em especial pela baixa alíquota trazida com as normas GloBE. Veja-se, novamente, as palavras de Johanna Hey (2021, p.1):

---

[157] Respeitado o artigo 1.1.1.

> In the beginning, the GloBE appeared to be directed against (very) low taxation of corporate profits in general. Now in the Blueprint, a formulaic substance carve-out has been integrated to exclude a fixed return for substantive activities and reduce the scope of the GloBE to excess returns. By excluding routine profits based on a formulaic activity assumption, the GloBE income inclusion rule (IIR) is converging with income inclusion by controlled foreign company (CFC) regimes, known since the early 1960s. The Blueprint makes no secret of the proximity of the GloBE IIR to conventional CFC regimes: 'The operation of the IIR is, in some respects, based on traditional CFC rule principles and triggers an inclusion at the level of the shareholder where the income of a controlled foreign entity is taxed at below the effective minimum tax rate'.
> It also states that, although similar in operation, the GloBE IIR and CFC rules can co-exist because they have different policy objectives, albeit without specifying in which way their objectives diverge. The question why a GloBE income inclusion is required in addition to the existing CFC income inclusion is not even asked.

Com efeito, como os Estados já estão seguindo com o disposto no *Designing Effective Controlled Foreign Company Rules – Final Report*, a criação de algo novo pode afetar negativamente medidas já em curso. Com o Plano de Ação nº 3 e dentro do espírito pretendido pelo Projeto BEPS, a competição entre as jurisdições dá espaço a um novo paradigma internacional focado agora na cooperação entre elas. As legislações, que antes permitiam em larga escala a erosão da base tributária e a transferência de lucros, com a adequação ao Plano de Ação nº 3, mostram que os Estados têm, de forma eficiente, tentando minimizar essa problemática.

A rapidez com que novas medidas estão sendo criadas pela OCDE em um contexto em que ainda não há resultados sobre os seus planos anteriores pode trazer dúvidas para as jurisdições sobre qual modelo realmente deve ser seguido: se reforçar as suas normas CFCs ou se implementar as regras do Pilar 2. Como nenhum ato novo colhe seus resultados em tão pouco tempo, considerando que o Relatório Final foi publicado apenas em 2015, mostra-se leviana a pretensão da Organização em trazer uma nova medida a ser seguida pelos contribuintes antes mesmo da conclusão da sua orientação anterior.

Se vários Estados remodelaram suas legislações CFCs entre 2018 e 2019 (além dos casos acima destacados, pode-se citar: Bélgica, República Checa, Estônia, Irlanda, Luxemburgo e Holanda), os efeitos de uma tributação mínima no caso de estruturas desprovidas de substância – mesma premissa do Pilar 2 – somente serão conhecidos mais para frente. Talvez a OCDE tenha se precipitado ao estabelecer uma nova medida antes mesmo de colher os resultados do Plano de Ação n° 3.

Esse posicionamento, contudo, não é unânime. Como pode se observar abaixo, ainda que o Projeto BEPS tenha trazido resultados positivos, como ele não foi capaz de eliminar o problema como um todo, o Pilar 2 deve ser visto como uma medida que tem força única e que deve ser introduzido o quanto antes, como descrito abaixo (ENGLISCH e BECKER, 2019, p.3):

> Some observers find it premature to introduce an international effective minimum tax as an additional anti-BEPS measure. The OECD BEPS recommendations are still being implemented and it may be too early to tell whether any profit shifting issues still remain or whether they have already been effectively dealt with. If at all, additional action should therefore, according to this view, be taken only after an evaluation of the success of the BEPS project, as envisaged in its Final Report on Action 11.
> Profit shifting has certainly been made more difficult and costly as a consequence of the revision of the OECD Transfer Pricing Guidelines based on BEPS Actions 8-10. IP ownership must now be matched with real people functions, and contractual risk allocation must be accompanied with real risk management as well as risk bearing capacities, for these factors to be taken into account for profit allocation. However, certain profit shifting opportunities remain. First, the majority of BEPS recommendations does not have the status of minimum standards, and many MLI signatories seem reluctant to also embrace the additional BEPS outcomes. Second, some BEPS recommendations intend to only "limit" but not totally eliminate certain profit shifting opportunities, such as the interest deduction barrier recommended in BEPS Action 4. Third, the new substance requirements (BEPS Actions 8-10) can often be met by making only modest investments, and therefore do not establish a strong link between value creation and taxing rights allocation. Finally, the importance of intellectual property continues to be on the rise, especially in the digitalised economy. IP is in most cases firm-specific and therefore unique. There are no observable market prices, and comparables are often unreliable or outright missing (e.g. there is no comparable to the Google search algorithm). Thus, arm's length transfer prices (i.e. prices that would have been set between unrelated parties) are hard to come by, and significant margins of appreciation have to be accepted by the tax authorities, which can be exploited by multinational firms for tax planning strategies. Profit concentration in low-tax IP holding jurisdictions can be further enhanced by stripping routine activities in high-tax production or market jurisdictions from risk, thereby reducing the arm's length price charged for them under the classical transfer pricing methods of the OECD Transfer Pricing Guidelines. Similar points have been raised recently by the IMF and by the Tax Committee of the European Parliament. Altogether, significant profit shifting risks still exist in the post-BEPS era.

Independentemente da posição adotada, seja pela conclusão de que o Pilar 2 é uma medida inovadora no cenário internacional, seja por achar que essa ação é apenas uma repetição melhorada das regras CFC, é certo que os resultados das alterações das legislações domésticas de modo a fortalecer as normas anti-abusos somente ocorrerão mais para frente. Ainda que os Planos de Ação da OCDE não tenham efetivamente combatido o BEPS na sua essência, essa problemática não vai desaparecer instantaneamente do cenário internacional e as medidas unilaterais talvez fossem mais vantajosas para todos.

3. O PILAR 2 NOS CENÁRIOS INTERNACIONAL E BRASILEIRO

Nunca houve, em nível global, um modelo específico para uma tributação mínima obrigatória para as multinacionais. Apesar de as regras CFCs serem extremamente importantes para a redução da transferência artificial de lucros, servindo como uma relevante medida anti-BEPS, trata-se, como já evidenciado no capítulo anterior, de ato unilateral. Assim, sem a cooperação das jurisdições, a legislação CFC pode não trazer um resultado universal positivo.

Em contrapartida, a principal relevância do Pilar 2 no cenário mundial é se tratar de uma medida inédita de taxação global na tentativa de se alcançar um sistema mais justo e coerente como um todo, iniciado pela OCDE no Projeto BEPS. Apesar de possuírem muitas similaridades, com as regras GloBE é possível uma maior uniformidade no pagamento de impostos pelas grandes empresas.

Nada obstante o seu objetivo de imposição de um imposto complementar mandatório, tal como o Plano de Ação nº 3, não se sabe ao certo quando o seu resultado será alcançado e se este trará, de fato, vantagens para as jurisdições que seguirem os ditames do Pilar 2. Ainda que no plano teórico a diretiva tenha a sua importância para atingir os objetivos da Organização na contenção das estruturas artificiais que proporcionam a erosão da base tributária dos Estados, na prática, pode-se atingir um efeito que não o esperado ou, ainda, frustrar os países-membros que aguardavam um amplo aumento de caixa.

Diante disso, o que se pretende no presente capítulo é expor possíveis pontos positivos e negativos da nova medida e como os países desenvolvidos e em desenvolvimento poderão se aproveitar das normas GloBE. Vale salientar que, igualmente aos resultados das recentes alterações legislativas CFCs, não é possível, contudo, trazer dados certeiros e previsíveis de todos os efeitos que poderão ocorrer, mas sim, de expectativas em torno do Pilar 2.

3.1. OS PONTOS POSITIVOS ACERCA DO PILAR 2

Com esse novo modelo de recolhimento tributário obrigatório, a consequência primordial e um dos principais argumentos utilizados pela OCDE para sua efetivação iminente é no sentido de que os caixas dos Estados vão aumentar consideravelmente e a erosão da base será, por conseguinte, reduzida. Sobre esse efetivo aumento, vale destacar que por haver a imposição tributária mínima de 15%, é possível que ele ocorra efetivamente. Contudo, como também já amplamente reiterado, esse acréscimo poderia ser ainda maior caso não houvesse a previsão de *carve-outs* que poderão acarretar um pagamento menor do esperado.

Estimativas da Organização[158] e do Fundo Monetário Internacional (FMI)[159] apontam uma arrecadação de até US$ 150 bilhões a mais por ano com a imposição do imposto complementar para as multinacionais. Em uma seara de contenção do BEPS somado ao alto impacto financeiro para os governos pós-COVID 19, o restabelecimento dos caixas é algo mais do que necessário e esse montante chama atenção das jurisdições para uma iminente implementação da diretiva.

Com o levantamento estatístico nesse sentido, o EUTO[160] e o Parlamento Europeu[161] também destacaram os seus apoios à instituição do

---

[158] https://www.oecd.org/tax/beps/oecd-releases-pillar-two-model-rules-for-domestic-implementation-of-15-percent-global-minimum-tax.htm. Acesso em 28 de junho de 2022.

[159] https://www.treasuryandrisk.com/2022/04/14/how-much-would-corporate-taxes-rise-under-global-minimum-tax/. Acesso em 28 de junho de 2022.

[160] https://hal-mines-albi.archives-ouvertes.fr/EU-TAX-OBSERVATORY/halshs-03323095v1. Acesso em 28 de junho de 2022.

[161] https://www.europarl.europa.eu/news/pt/headlines/economy/20220506STO29019/pe-apoia-o-nivel-minimo-de-tributacao-sobre-multinacionais. Acesso em 28 de junho de 2022.

Pilar 2 o mais breve possível, especialmente pelos números verificados por eles. Segundo dados dessas instituições, as jurisdições mais desenvolvidas (classificadas pelo Observatório como as *"high-income countries"*)[162] serão as que mais ganharão com o novo imposto, já que são locais de residência de diversas MNEs cujas subsidiárias estão alocadas em regiões com baixa tributação.

Com cadeias societárias estruturadas dessa forma, o imposto complementar que será recolhido aumentará o caixa dos países mais ricos, eis que, usualmente, são sedes da Matriz Filial[163]. Como a diferença entre o pagamento de tributo em locais com baixa carga tributária e a aplicação da alíquota de 15% será destinado aos cofres dos Estados onde situados as controladoras, o estudo apontou que as jurisdições mais desenvolvidas serão as maiores beneficiadas com o Pilar 2, a seguir evidenciado:

Figura 13 - Receita auferida sem a possibilidade dos *carve-outs*

Classification	N° of countries in sample	Revenue in € 2021 billion	Revenue as % of corporate income tax revenue
Country type			
Developed	35	191.3	19%
Developing	11	14.2	2%
Least developed	-	-	-
Income level			
High income	35	191.2	18%
Upper middle income	9	13.7	3%
Lower middle income	2	0.6	1%

Revenues of a global minimum tax of 15% without carve-outs by country-type classification.

---

162 As *high-income countries* são os países cuja renda nacional bruta *per capita* perfazem o montante de US$ 12.736 ou mais, segundo o *World Bank Atlas*. Esse valor foi usado pelo EUTO e pelo Parlamento Europeu quando da análise da eficácia do Pilar 2 de acordo com os dados trazidos pela Conferência das Nações Unidas sobre Comércio e Desenvolvimento (UNCTAD).

163 De acordo com o EUTO, *"revenues would be unequally distributed across the globe: developed and high-income countries gain more extra revenue from the global minimum tax than developing and low-income countries because most multinational companies are headquartered in high-income countries."* Ibid. p. 18.

Ainda que para os Estados mais desenvolvidos, o aumento na receita tenha sido maior, o Pilar 2 também se mostra relevante para os países em desenvolvimento. Posto que a porcentagem, a princípio, não parece expressiva, qualquer acréscimo no caixa dos governos se mostra relevante.

O estudo ainda demonstrou que a UE poderá aumentar as suas receitas em mais de €80 bilhões por ano, enquanto a arrecadação dos EUA aumentará em aproximadamente €57 bilhões. Ainda que na Bélgica, na França e na Alemanha, por exemplo, o impacto será muito mais relevante (€21.2, €3.9 e €13.1 bilhões respectivamente) do que em outros Estados, nos países em desenvolvimento como, por exemplo, no Brasil, no Chile e no México, os aumentos, ainda que menos impactantes, também se mostram importantes (€1.5, €0.2 e €0.4 bilhão respectivamente).

Por tais números terem sido obtidos considerando as informações dispostas nos CbCRs dos mais diversos países durante os anos de 2016 e 2017, o Pilar 2 pode se tornar uma efetiva medida de recomposição das bases tributárias das mais diversas jurisdições. Para tanto, como devidamente discriminado nos quadros[164] abaixo expostos, se a medida já fosse observada pelos países naqueles anos, o incremento no caixa existiria efetivamente a corroborar ainda mais o fato de a Diretiva precisar ser implementada o quanto antes:

Figura 14 - Efeito financeiro do Pilar 2 na União Europeia

Parent Country	"Additional tax revenue (2021 billion€)" Data: 2016	As a % of health expenditure	As a % of corporate income tax revenue	"Additional tax revenue (2021 billion€)" Data: 2017	As a % of health expenditure	As a % of corporate income tax revenue
Austria*	3.1	7%	32%	3.1	7%	31%
Belgium*	10.3	19%	61%	21.2	40%	106%
Bulgaria						
Croatia						
Cyprus	0.3	18%	21%	0.2	16%	19%
EU total	49.8	4%	15%	83.3	6%	24%

---

[164] Para uma verificação mais completa: https://www.taxobservatory.eu/wp-content/uploads/2021/10/Note-2-Revenue-Effects-of-the-Global-Minimum-Tax-October-2021.pdf. Acesso em 28 de junho de 2022.

| | Data: 2016 ||| Data: 2017 |||
Parent Country	"Additional tax revenue (2021 billion€)"	As a % of health expenditure	As a % of corporate income tax revenue	"Additional tax revenue (2021 billion€)"	As a % of health expenditure	As a % of corporate income tax revenue
Czech Republic	0.1	0%	1%	0.1	0%	1%
Denmark*	0.9	3%	11%	1.8	5%	17%
Estonia	0.1	6%	23%	0.1	6%	24%
Finland*	1.5	6%	27%	1.5	7%	22%
France*	4.0	1%	8%	3.9	1%	7%
Germany+	5.4	1%	8%	13.1	3%	18%
Greece+	0.1	0%	1%	2.1	13%	55%
Hungary	0.6	6%	19%	0.6	6%	20%
Ireland*	7.7	33%	91%	12.4	53%	137%
Italy*	3.2	2%	8%	3.1	2%	8%
Latvia	0.1	8%	30%	0.1	8%	32%
Lithuania						
Luxembourg*	3.5	108%	125%	5.8	177%	182%
Malta	0.1	12%	17%	0.1	11%	16%
Netherlands*	1.9	2%	7%	2.3	3%	9%
Poland	3.7	12%	41%	3.7	11%	37%
Portugal	0.1	0%	1%	0.1	0%	1%
Romania+				0.1		1%
Slovakia	0.0	0%	0%	0.0	0%	0%
Slovenia*	0.0	0%	2%	0.0	0%	2%
Spain+	0.6	1%	2%	5.2	5%	18%
Sweden*	2.5	4%	17%	2.7	5%	18%
EU total	49.8	4%	15%	83.3	6%	24%

* indicates countries with OECD country-by-country data in 2016 & 2017.
+ indicates headquarter countries entering country-by-country data in 2017.
Results for countries without markers are based on TWZ (2018, 2019) data.

Figura 15 - Efeito financeiro do Pilar 2 nos demais países

Parent Country	Data: 2016 Additional tax revenue (2021 billion€)	Data: 2016 As a % of health expenditure	Data: 2016 As a % of corporate income tax revenue	Data: 2017 Additional tax revenue (2021 billion€)	Data: 2017 As a % of health expenditure	Data: 2017 As a % of corporate income tax revenue
Argentina+				0.1		
Australia*	1.8	2%	3%	1.8	1%	2%
Brazil*	1.0	1%	2%	1.5	1%	3%
Canada*	14.8	9%	27%	24.4	14%	40%
Chile*	0.2	1%	2%	0.0	0%	0%
China*	4.5	1%	1%	6.1	1%	1%
India+				0.5	1%	1%
Indonesia*	0.0	0%	0%	0.1	0%	0%
Isle of Man+				0.1		59%
Japan*	4.6	1%	2%	5.9	1%	3%
Korea*	0.0	0%	0%	0.0	0%	0%
Malaysia+				1.6		
Mexico*	0.4	1%	1%	0.4	1%	1%
Norway*	0.4	1%	3%	0.3	1%	2%
Peru+				0.1		
South Africa*	1.0	4%	6%	3.8	14%	21%
Switzerland+				7.5		37%
United Kingdom+				11.0	4%	15%
United States*	40.8	1%	11%	57.0	2%	17%
OECD	108.4	2%	7%	200.4	3%	12%
Full sample	119.5	2%	6%	205.4	3%	12%

* indicates countries with OECD country-by-country data in 2016 & 2017.
+ indicates headquarter countries entering country-by-country data in 2017.
Results for countries without markers are based on TWZ (2018, 2019) data.

Apesar do impacto dos valores e de eles terem sido obtidos com base nas informações contidas em relatórios oficiais das MNEs, pode haver uma falta de confiança nos dados para o futuro, isto é, que podem não condizer com a realidade a ser observada em alguns anos. Como a geração de lucro está ligada a diversos fatores, crer que o aumento exponencial ocorrerá anualmente para todas as empresas pode ser algo, no mínimo, ingênuo[165].

Ainda que tais estatísticas mostrem o que poderia ocorrer hoje em dia se o Pilar 2 já produzisse os seus efeitos, não se deve reproduzir os lucros dos contribuintes de anos pretéritos para os próximos anos como algo certo de ocorrer. A replicação de números sem levar em conta fatores externos pode ser, de fato, temerária.

Assim, para que se tenham dados mais objetivos e acurados, somente as projeções financeiras individuais das MNEs servirão para esse propósito, eis que são uma previsão do cenário financeiro das empresas. Consequentemente, ao estimar os lucros e as despesas futuros, é possível que se tenha uma visão muito mais ampla dos negócios e saber mais precisamente como será a saúde financeira desses contribuintes.

Essa questão foi, inclusive, levantada, em junho/2022, na *Annual International Conference & Exhibition* (AICE), evento realizado por mais de 1.500 convidados de 140 países para discutirem sobre as estratégicas econômicas mundiais[166]. Nessa oportunidade, questionadores da nova ação mencionaram que os Estados mais pobres estão sendo forçados a aceitar o Pilar 2 independentemente das consequências incertas para eles[167]. Para os críticos, não se mostra justo requerer que essas jurisdições renunciem às suas políticas fiscais apenas para seguir os parâmetros da OCDE sem que se saiba, ao certo, o que elas receberão em troca e se, concretamente, terão alguma vantagem.

Nada obstante essa desconfiança, que pode também ser justificada pelo fato de os dizeres da Organização sobre a contenção do BEPS se estenderem demasiadamente por anos sem uma efetivação concreta, é certo que os números expostos foram trazidos por instituições íntegras e que não visam ao lucro próprio. Por se tratar de grupos que visam à diminuição dos problemas advindos dos planejamentos tributários agressivos que podem proporcionar a fuga de capital para países com baixa carga tributária, suas análises tendem a fugir da subjetividade.

---

[165] Vide, por exemplo, a quebra de inúmeras empresas durante a COVID-19: https://www.oecd.org/coronavirus/en/data-insights/bankruptcy-rates-fall-during-covid-19. Acesso em 12 de julho de 2022.

[166] https://hospitalitylexis.media/jamaica-to-host-world-free-zones-organizations-international-conference-2022/. Acesso em 12 de julho de 2022.

[167] https://www.investmentmonitor.ai/finance/regulation-policy/global-corporate-tax-rate-developing-countries-15. Acesso em 12 de julho de 2022.

O receio, apesar de compreensível, não parece, portanto, ser justificável para não se implementar a medida, ainda que, conforme exposto, não se trate de uma matemática simples para a composição dos lucros das empresas e real impacto do Pilar 2. Se aplicar a diretiva poderá trazer um incremento relevante no caixa dos Estados, há, dessa forma, uma boa oportunidade para os governos.

Além da possível vantagem financeira com o aumento na arrecadação, ponto questionado, no entanto, nesse Estudo, é sobre uma possível eficiência dos investimentos financeiros nos Estados. Em outras palavras, outro questionamento que se pode fazer é se a criação de um imposto mínimo a ser pago obrigatoriamente pelas multinacionais tornarão os investimentos mais eficientes.

Isso porque os paraísos fiscais e os países com regimes fiscais privilegiados não serão mais os únicos locais atrativos às empresas, uma vez que o Pilar 2 coloca as jurisdições em pé de igualdade ou, no mínimo, em uma situação fiscal semelhante. Como tais regiões não serão mais o centro da busca das grandes empresas, pode haver uma melhor eficiência nos investimentos a serem feitos em outros locais, em especial com a internacionalização das MNEs. Sobre uma melhor alocação do capital com a nova medida, vale ressaltar o trecho abaixo (ENGLISCH e BECKER, 2019, p. 5):

> First, a minimum tax improves the international allocation of capital, i.e. it makes investment more efficient. From a global efficiency point of view, firms should invest where the before tax return is highest. Firms, however, maximize after-tax returns, instead of before-tax returns. If source-based taxes differ, they may be inclined to invest in locations where the gross return is lower, but due to lower taxes, the net return exceeds the net return elsewhere. Empirical evidence demonstrates that taxes are important determinant of asset allocation (see e.g. Barrios et al. 2012)25 which suggests that tax rate differentials are prone to distort the international allocation of capital and production. A minimum tax reduces these tax differentials and, thus, lowers the distortion induced efficiency loss.
> (...) Since it stops short of equalizing the tax burden of domestic and foreign investment, it does not fully achieve capital export neutrality; however, it significantly reduces the most extreme distortions of the international capital allocation. In this sense, an impact of the minimum tax on real investment is an explicitly desired feature of the minimum tax, not just a collateral damage of an anti-BEPS measure.

No entanto, ainda que se possa crer em uma melhor divisão e eficiência dos investimentos, em sentido antagônico, estudos realizados mostraram que não há uma relação direta entre a alíquota dos países e a quantidade de investimento estrangeiro (*foreign direct investments* – FDI) recebido em seus territórios. Considerando essa premissa, independentemente de se estar diante de uma jurisdição com baixa ou alta carga tributária, os investimentos estrangeiros ocorrerão também por outras razões, tais como política ambiental, condições geográficas e climáticas, pacificidade da região, benefícios fiscais, dentre outros.

O que essa visão traz, portanto, é que ainda que se tenha uma carga elevada, a depender de diversos outros fatores, a instalação de empresas nas jurisdições vai ocorrer. Isso é, inclusive, corroborado nos quadros[168] abaixo em que, no primeiro, resta evidenciado que, mesmo com uma alíquota intermediária (31%), Marrocos possui menos FDI do que a Índia, cuja alíquota é maior (40%) e, no segundo, a interação entre os investimentos estrangeiros e as alíquotas dos Estados:

Figura 16 - Relação entre FDI e alíquota dos países

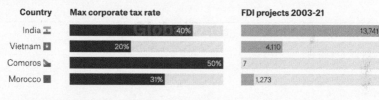

Ora, se os dados estatísticos trazidos acima demonstram que as regiões atraem investimentos estrangeiros por questões não-tributárias, não se pode afirmar com propriedade que com o Pilar 2 haverá uma maior eficiência na distribuição dos FDIs. Apesar de inicialmente se cogitar que quanto menos for a incidência tributária, mais atrativa financeiramente se torna o local, a pesquisa demonstrou o exato oposto.

Quanto a uma possível melhora na competitividade entre os países, as opiniões também estão divididas. Ao passo que para alguns, competividade resta mais justa, uma vez os paraísos fiscais não se tornam mais

---

[168] *Idem.*

tão atrativos a nível fiscal, para outros o cenário não se altera. Sobre as regras GloBE serem uma medida para assegurar uma melhor competitividade entre as nações, vale ressaltar o trecho a seguir exposto (ENGLISCH e BECKER, 2019, p. 7):

> (...) a minimum tax is expected to mitigate tax competition. It does so in two ways. First, it allows for higher tax rates in non-haven countries. The reason is that the minimum tax effectively curbs profit shifting; as a consequence, the tax base becomes less elastic. A tax rate increase has therefore a lower efficiency cost in terms of tax base loss. Second, in a situation where a sufficiently large number of non-havens levy minimum taxes, tax havens or low-tax jurisdictions may costless increase their tax revenue by increasing the tax rate up to the minimum rate without. Such a tax rate hike does not increase the firms' tax burden since they pay the minimum tax rate anyway. It just shifts revenue from the non-havens to the (former) havens (the classical 'treasury transfer' argument).

De maneira oposta, a Professora Ana Paula Dourado destaca não ser tão preciso que a competitividade entre as empresas será eliminada[169]. Isso porque, além de o Pilar 2 ser aplicado para um nicho específico de MNEs, os já citados *carve-outs*, ao reduzir a base tributária, proporcionam brechas para o não recolhimento do mínimo global, com abaixo elucidado (DOURADO, 2022a, p. 282):

> The alleged purpose of Pillar Two and the model rules is to create a floor in tax competition. Whether the purpose will be achieved is more dubious, to begin with, because the subjective scope is limited to some MNEs (Article 1.1 of the model rules). There is also a carve-out on the objective scope (a carve-out excluding some types of submitted income: Article 5.3 of the model rules) that affords some opportunity for tax competition.

Como essas visões opostas, não se pode afirmar categoricamente que o Pilar 2 seja de fato importante para efeitos de redução da competitividade entre as nações e, muito menos, que ele seja a razão para a sua extinção. Ainda que com a medida os países cada vez mais estarão em um patamar de igualdade fiscal, é provável que a corrida por melhores oportunidades tributárias nunca acabe em sua totalidade.

Além da questão de uma possível redução na competitividade, a diretiva pode ter o condão de mitigar a pressão para que incentivos fiscais sejam concedidos pelos países, em especial os menos desenvol-

---

[169] Nessa mesma linha de argumentação: Devereux, Michael P. and Vella, John and Wardell-Burrus, Heydon, Pillar 2: Rule Order, Incentives, and Tax Competition (January 14, 2022). Oxford University Centre for Business Taxation Policy Brief 2022, Available at SSRN: https://ssrn.com/abstract=4009002 or http://dx.doi.org/10.2139/ssrn.4009002.

vidos, como forma de atrair as multinacionais para seus territórios. Com a imposição do mínimo global, os incentivos fiscais que resultem na redução da alíquota nominal podem ser minimizados ou, em um cenário mais pessimista, até extintos, já que independentemente da quantidade de benefícios que os Estados forneçam, a alíquota mínima de 15% deverá ser observada.

Ou seja, independentemente dos incentivos concedidos que seriam relevantes para uma eventual redução da alíquota nominal dos países, com o Pilar 2, no caso de alíquota efetiva inferior a 15%, o imposto complementar é imputado e a efetividade dos benefícios é reduzida. Isso pode ser visto, na teoria, como uma vantagem aos Estados em desenvolvimento que, para se tornarem mais competitivos, em muitas situações, são obrigados a renunciar de parte da sua arrecadação em prol de receber as MNEs com a concessão de vantagens fiscais a elas[170].

Justamente pelo objetivo do Pilar 2 ser no sentido de alcançar rendimentos que não foram tributados ou cuja alíquota do país de residência da subsidiária é baixa, pode-se afirmar que os maiores beneficiados com o imposto mínimo global serão os países exportadores da capital, isto é, aquelas jurisdições cujas multinacionais têm sociedades controladas em locais com baixa carga tributária. É o caso, por exemplo, dos Estados Unidos que possuem muitas empresas que investem em países com tributação favorecida (*Apple, Starbucks, Facebook*, dentre outras) e, por conta dessa estrutura corporativa, o saldo do lucro das subsidiárias que não foi devidamente tributado será captado pelo novo imposto.

Já no caso dos paraísos fiscais, o Pilar 2 tende a retirar a sua vantagem fiscal, uma vez que parte significativa dos benefícios tributários que eles concedem aos contribuintes serão neutralizados pela nova imposição do imposto mínimo global. Isso não significa, todavia, que as MNEs não se estenderão aos Estados com regimes fiscais mais privilegiados e brandos, mas há a possibilidade de que tais locais percam receitas por se tornarem menos atrativos. De todo modo, considerando que nas jurisdições exportadoras de capital, como França, Reino Unido e Japão, por exemplo, cujas alíquotas são superiores a 20%,

---

[170] Em estudo realizado pela UNCTAD, em 2019, verificou-se que há atualmente 5.400 "*special economic zones*" e que 75% dos países em desenvolvimento concedem algum tipo de benefício: https://www.investmentmonitor.ai/global/what-is-a-special-economic-zone. Acesso em 12 de julho de 2022.

recolher a diferença do imposto mínimo pode ser mais vantajoso em um contexto geral.

Independentemente da linha que se segue, é certo que o Pilar 2 vem chamando a atenção da maioria dos países. Como já mencionado, 137 (cento e trinta e sete) jurisdições já confirmaram a sua intenção de introduzir as regras do Pilar 2. Apesar de a declaração conjunta (OECD, 2020a, p. 16) ter destacado que o Pilar 2 seria aprovado em 2022, para entrar em vigor em 2023, ainda não há uma certeza se essa data será seguida pelas jurisdições, como será demonstrado a seguir.

3.2. AS MEDIDAS EFETIVADAS PELOS PAÍSES

Por se tratar de uma recente diretiva sem que todos os pontos tenham sido devidamente esmiuçados e debatidos, o Pilar 2 ainda não foi implementado nos países, com exceção da Coreia do Sul[171]. A expectativa, no entanto, é que a medida seja internalizada nas demais jurisdições a partir de 2024 e, por isso, várias movimentações nesse sentido começaram a ocorrer.

A implementação comum do Pilar 2 em toda a União Europeia foi destacada como questão preferencial, eis que se mostrou necessário estabelecer um quadro eficiente e coerente para se atingir um nível mínimo global de tributação[172]. Desse modo, em 22 de dezembro de 2021, o Conselho da União Europeia (*Council of the European Union*)[173] apresentou a sua proposta de Diretiva que visa a instituir a diretiva de forma consistente e compatível entre os países-membros[174].

Objetivando um recolhimento tributário mais justo, bem como diminuir a competitividade entre as jurisdições da UE, foi destacado que a imposição de um imposto mínimo global evitará a transferência artificial de lucros protegendo, por conseguinte, a base tributária do Estados. É por isso que as regras GloBE devem ser introduzidas o quando

---

[171] https://www.pwc.com/us/en/services/tax/library/s-korea-becomes-first-to-pass-p2-rules-in-its-dom-legislation.html. Acesso em 16 de fevereiro de 2023.

[172] https://www.consilium.europa.eu/en/press/press-releases/2022/12/12/international-taxation-council-reaches-agreement-on-a-minimum-level-of-taxation-for-largest-corporations/. Acesso em 12 de janeiro de 2023.

[173] O Conselho da União Europeia constitui a principal instância de decisão da União Europeia, sendo baseada na expressão da vontade dos Estados-Membros.

[174] https://data.consilium.europa.eu/doc/document/ST-8778-2022-INIT/en/pdf. Acesso em 12 de janeiro de 2023.

antes na Europa, pois, de acordo com o Conselho, trará uma maior eficiência para seus membros[175]:

> In a continued effort to put an end to tax practices of MNEs that allow them to shift profits to jurisdictions where they are subject to no or very low taxation, the OECD has further developed a set of international tax rules to ensure that MNEs pay a fair share of tax wherever they operate. That major reform aims to put a floor on competition over corporate income tax rates through the establishment of a global minimum level of taxation. By removing a substantial part of the advantages of shifting profits to jurisdictions with no or very low taxation, the global minimum tax reform will level the playing field for businesses worldwide and allow jurisdictions to better protect their tax bases.

No que tange à metodologia do Pilar 2, a Diretiva não trouxe novidades[176]. Para tanto, foi reiterado que o imposto complementar deverá ser recolhido nos casos em que a alíquota efetiva de uma determinada jurisdição estiver abaixo de 15% e que as regras a serem utilizadas são a IIR e a UTPR. Portanto, no caso de subsidiária estrangeira estabelecida em uma jurisdição com baixa carga tributária, a controladora final arcará com o pagamento complementar[177].

A previsão da *"substance-based income exclusion"* também foi mencionada na Diretiva[178]. Assim, no caso de situações em que há baixo risco de BEPS, os números de empregados e os ativos tangíveis serão levados em consideração. Para o Conselho, a aplicação desse dispositivo resolve, até certo ponto, situações em que um grupo multinacional realize atividades econômicas que requerem presença material em uma jurisdição de baixa tributação[179].

---

[175] Conforme disposto no item 2 da Diretiva.

[176] Conforme disposto nos itens 5 a 10 da Diretiva.

[177] *"Article 1. Subject-matter*
1. This Directive establishes common measures for the minimum effective taxation of multinational enterprise (MNE) groups and large-scale domestic groups in the form of:
(a) an income inclusion rule (IIR) in accordance with which a parent entity of an MNE group or of a large-scale domestic group computes and pays its allocable share of top-up tax in respect of the low-taxed constituent entities of the group; and
(b) an undertaxed profit rule (UTPR) in accordance with which a constituent entity of an MNE group has an additional cash tax expense equal to its share of top-up tax that was not charged under the IIR in respect of the low-taxed constituent entities of the group."

[178] Verificar o art. 28 da Diretiva.

[179] Conforme disposto nos item 14 da Diretiva.

Outrossim, os casos específicos de grupos que se encontram em fase inicial de atividade devem ser considerados ainda que haja controladas residentes em países com baixa tributação. Nesse caso, as atividades que aí existirem estarão excluídas dos efeitos do Pilar 2 pelo período transitório de cinco anos, desde que o grupo esteja localizado em apenas seis jurisdições[180].

Apesar do detalhamento da Diretiva, como os Estados-Membros precisam concordar por unanimidade com o texto proposto, bem como o Parlamento Europeu deve ser consultado para emitir seu parecer, o processo para implementação do Pilar 2 na UE tem sido moroso. Ainda que um consenso final não tenha sido estabelecido, as jurisdições já começaram a avançar internamente com o seu desenvolvimento e, como prazo, destacou-se que os países têm até 31 de dezembro de 2023[181] para transpor a diretiva para as respectivas legislações nacionais.

Alguns exemplos positivos, no entanto, podem ser mencionados. Visando a se adequar ao novo parâmetro, como brevemente já citado, os governos da Holanda, Alemanha, França, Itália e Espanha lançaram uma declaração conjunta quanto à implementação das regras GloBE. Nesse contexto, em 24 de outubro de 2022, a Holanda abriu uma consulta pública sobre o projeto de lei para implementar o Pilar 2 até o final de 2023 (*Minimum Tax Rate Act 2024*)[182]. Embora tenha mencionado anteriormente que encontrar uma solução multilateral seria o ideal para as jurisdições, o governo holandês optou por receber contribuições dos seus jurisdicionados[183] antes da sua proposta final.

Nessa mesma linha, em 17 de novembro de 2022, o governo do Reino Unido, também após uma consulta pública acerca do seu projeto de lei[184], confirmou que a implementação de um regime internacio-

---

[180] Idem.

[181] Conforme disposto no item 29 da Diretiva.

[182] https://www.government.nl/latest/news/2022/10/24/netherlands-launches-online-consultation-on-draft-bill-for-the-proposed-minimum-tax-rate-act-2024. Acesso em 12 de janeiro de 2023.

[183] Cumpre esclarecer que até o fechamento do presente Estudo, não houve avanço quanto à publicação final e efetiva da legislação sobre o Pilar 2 no país.

[184] https://www.gov.uk/government/consultations/oecd-pillar-2-consultation-on-implementation/letter-from-the-financial-secretary-to-respondents-of-the-oecd-pillar-2-implementation-consultation. Acesso em 12 de janeiro de 2023.

nal acerca de um imposto mínimo global ocorrerá no país a partir do início de 2024 seguindo a limitação trazida pela OCDE no que tange ao escopo (MNEs com receita anual de € 750 milhões ou mais), bem como em relação à alíquota (15%). Com efeito, o projeto de lei[185] foi publicado pelo *UK HM Treasury* em 23 de março de 2023[186].

Ainda que Holanda e Reino Unido já estejam mais à frente dos demais países-membros da EU, novidades devem ocorrer nos outros países em 2023. É provável que após a retirada dos vetos à implementação do Pilar 2 pela Polônia[187] e pela Hungria[188][189], as manifestações ocorram de forma mais célere e as legislações sejam desenvolvidas o quanto antes.

Também nesse sentido, a Alemanha, em 17 de outubro de 2022, fez um pronunciamento acerca do seu futuro projeto de lei para internalizar o Pilar 2 em sua jurisdição[190]. Embora poucos detalhes tenham sido fornecidos, o governo destacou que a proposta já está em fase final e, tendo em vista a alíquota de 15% para incidência das normas GloBE, reavaliará a alíquota para a aplicação das regras CFC (25%) para que os sistemas sejam compatíveis[191].

Com a Diretiva da UE, a atenção agora é voltada para os próximos passos que cada Estado-Membro irá efetivar para transpor e implemen-

---

[185] https://assets.publishing.service.gov.uk/government/uploads/system/uploads/attachment_data/file/1092586/Draft_legislation.pdf. Acesso em 12 de janeiro de 2023.

[186] https://taxscape.deloitte.com/article/uk-draft-legislation-for-implementation-of-pillar-two-global-minimum-tax-rules-published.aspx. Acesso em 30 de abril de 2023.

[187] O governo da Polônia destacou que tinha algumas reservas sobre o Pilar 2, e, por isso, vetou a medida em abril/2022. Isso ocorreu, eis que, para eles, a diretiva deve ser analisada e implementada de forma simultânea com o Pilar 1. Nesse sentido, verificar: https://oecdpillars.com/poland-withdraws-its-veto-and-the-eu-pillar-two-directive-is-adopted/. Acesso em 12 de janeiro de 2023.

[188] https://news.pwc.be/hungary-lifts-veto-on-pillar-2-council-reaches-unanimity/. Acesso em 12 de janeiro de 2023.

[189] https://www.politico.eu/article/hungary-wields-veto-to-halt-minimum-tax-deal/. Acesso em 12 de janeiro de 2023.

[190] https://dserver.bundestag.de/btd/20/041/2004116.pdf. Acesso em 12 de janeiro de 2023.

[191] https://oecdpillars.com/germany-beginning-implementation-of-pillar-two/. Acesso em 12 de janeiro de 2023.

tar o Pilar 2 nas suas legislações domésticas. Resta, portanto, aguardar o decorrer do ano de 2023 para que se possa analisar as eventuais novidades e propostas legislativas que levarão à implementação das regras na Europa.

Por fim, a mais importante atualização foi feita pela Coreia do Sul[192] que promulgou, em 31 de dezembro de 2022, a primeira[193] legislação doméstica sobre o Pilar 2 (Lei nº 19191)[194] cujos efeitos ocorrerão a partir de 2024[195]. Referida lei originou-se do projeto apresentado no país em julho/2022[196] e, embora detalhada, muitos aspectos ainda serão estabelecidos por decretos presidenciais.

Tais regras, seguindo a recomendação da OCDE, aplicar-se-ão à MNEs cujas receitas forem iguais ou superiores a 750 milhões de euros[197], sendo a IIR e a UTPR os métodos[198] para a tributação complementar[199]. No entanto, as (i) entidades governamentais, organizações internacionais, organizações sem fins lucrativos e fundos de pensão; os (ii) fundos de investimento e veículos de investimento imobiliário quando forem a UPE[200] de um grupo societário; e as (iii) entidades direta ou

---

[192] https://www.ey.com/en_gl/tax-alerts/korea-enacts-new-global-minimum-tax-rules-to-align-with-oecd-bep#:~:text=On%2031%20December%202022%2C%20Korea,in%20Korea's%202023%20Tax%20Reform. Acesso em 16 de fevereiro de 2023.

[193] https://oecdpillars.com/first-domestic-pillar-two-global-minimum-tax-law-enacted/. Acesso em 16 de fevereiro de 2023.

[194] https://www.law.go.kr/LSW/lsInfoP.do?lsiSeq=247437&lsId=&efYd=20230101&chrClsCd=010202&urlMode=lsEfInfoR&viewCls=lsRvsDocInfoR&ancYnChk=#. Acesso em 16 de fevereiro de 2023.

[195] Sobre eventuais pontos de dúvidas, verificar: https://www.internationaltaxreview.com/article/2b7rx842agvkqz6yngc1s/korean-companies-stay-cautious-despite-pillar-two-push. Acesso em 16 de fevereiro de 2023.

[196] https://www.moef.go.kr/com/synap/synapView.do?atchFileId=ATCH_000000000020844&fileSn=2. Acesso em 16 de fevereiro de 2023.

[197] Vide art. 62 da Lei nº 19191.

[198] De acordo com o art. 62 da Lei nº 19191, os contribuintes pagarão um imposto complementar de acordo com a IIR e a UTPR.

[199] https://oecdpillars.com/pillar-tab/pillar-two-analysis-of-south-koreas-draft-pillar-two-law/. Acesso em 16 de fevereiro de 2023.

[200] Nos moldes do art. 61 da Lei nº 19191, a UPE pode ser definida como a empresa controladora final de uma cadeia societária.

indiretamente controladas por (i) ou (ii) foram consideradas como entidades excluídas dos efeitos do Pilar 2[201].

Já em relação à aplicação dos métodos, novamente a norma não traz diferenças em relação ao preconizado pela OCDE. De acordo com o art. 72, a UPE deverá recolher o imposto complementar que será devido em razão de as subsidiárias estrangeiras serem residentes em jurisdições com baixa carga tributária. Caso o país de residência da UPE não possua a previsão da IIR, o imposto complementar será recolhido para a próxima controladora intermediária que seja sujeita à IIR.

Para a aplicação da UTPR, o art. 73 prescreve que, no caso de não aplicação da IRR para a UPE e se o rendimento das controladas estrangeiras estiver submetido à UTPR, este método deverá ser observado. Para o cálculo do imposto, no entanto, seguindo a previsão da "*substance-based income exclusion*", os números de empregados e os ativos tangíveis devem ser levados em consideração.

Por fim, outro relevante aspecto é o disposto no art. 83 no que tange à obrigação acessória de preenchimento do documento "*GloBE Information Return*" a ser enviado às autoridades fiscais sul-coreanas comprovando a efetiva verificação do Pilar 2 pelas MNEs. O prazo máximo para envio é de 15 meses contados após o último dia do ano-fiscal.

Ainda que alguns detalhes ainda serão esmiuçados por decreto presidencial, a Coreia do Sul se tornou um importante exemplo a ser seguido pelas jurisdições quanto à rápida internalização das regras GloBE. Como a sua aplicação para as empresas coreanas só ocorrerão a partir de 2024, resta aguardar a evolução do Pilar 2 no país para se ter certeza sobre seus efeitos e contenção do BEPS.

3.3. O PILAR 2 NO CENÁRIO BRASILEIRO

Como demonstrado acima, o objetivo da OCDE é que o Pilar 2 tenha um alcance global, de modo que as jurisdições devem adaptar as suas legislações internas para serem compatíveis com o novo modelo proposto. Nessa linha, diversos países da Europa já estão se adequando à Diretiva e a ideia é que, em 2024, a grande maioria já tenha implementado internamente ou, ao menos, tenha iniciado as discussões sobre o tema.

---

[201] Vide art. 62 da Lei nº 19191.

Considerando, outrossim, que já foi destacada a compatibilidade entre o Pilar 2 e o modelo de legislação norte-americano, o que se pretende, nessa última parte, é analisar se a norma brasileira acerca da tributação de subsidiárias localizadas no exterior está em linha com as regras GloBE, além de verificar se a nova Diretiva se faz necessária em nosso território.

Essa análise acadêmica é relevante, pois, caso a regra brasileira seja considerada como suficiente para que uma tributação mínima já ocorra nos moldes preconizados pela OCDE, é possível que o Pilar 2 não seja internalizado em nosso ordenamento, uma vez que a medida não trará benefícios ao nosso país. Com efeito, ao eventualmente ser reconhecida a compatibilidade das normas brasileiras com os parâmetros internacionais ou, em uma visão mais extensa, como não necessária em nosso território, evitar-se-á eventuais dispêndios tanto na esfera pública como na privada para adequações legislativas, uma vez que nenhuma ou pouco adaptação normativa deverá será feita.

Por não ser crucial uma observância das multinacionais à nova Diretiva, mudanças internas e/ou conciliações das regras não precisarão ocorrer em nossa jurisdição. Assim, em uma possível convergência, pode-se afirmar que as controladoras brasileiras não precisarão verificar se, por exemplo, o seu Grupo Multinacional está de acordo com a medida da OCDE ou qual será o efeito fiscal ao estabelecer subsidiárias em países com baixa carga tributária. Isso, por certo, evitará maiores custos com *compliance* e pessoal.

Com essas possibilidades em mente, passa-se, a seguir, a detalhar a legislação brasileira sobre o tema para verificar se há, de fato, uma compatibilidade com o preconizado pela OCDE ou se será necessário internalizar o Pilar 2 em nosso território.

3.3.1. BREVE HISTÓRICO DA TRIBUTAÇÃO DOS LUCROS AUFERIDOS NO EXTERIOR SOB A PERSPECTIVA BRASILEIRA

Tributar ou não as rendas auferidas no exterior por seus residentes é uma decisão soberana e, destarte, compete exclusivamente a cada Estado. Sabe-se que hoje a maioria dos países adota o Princípio da Universalidade da Renda (*Worldwide Income*), pelo qual o contribuinte responderá, perante o seu país de residência, por todos os rendimentos obtidos por ele independentemente de onde foram produzidos.

A adoção desse princípio tende a garantir a neutralidade na exportação de capital (*Capital Export Neutrality* – CEN)[202], eis que tanto o capital gerado dentro do país quanto no exterior será gravado da mesma forma. Dessa maneira, eventual tributação sobre a renda não se mostra um diferencial, pois ambos serão devidamente taxados, bem como a decisão do investidor em aplicar seus recursos internamente ou fora do país produzirão o mesmo efeito, uma vez que os custos tributários, em princípio, serão equivalentes.

Além da CEN, há também a neutralidade na importação de capitais (*Capital Import Neutrality* – CIN)[203]. Enquanto a CEN tem por objeto principal o investidor, a CIN, por outro lado, está relacionada aos investimentos, de modo que independentemente da residência do investidor, todos os investimentos que forem feitos em um determinado país sofrerão a mesma incidência tributária.

Independentemente do regime de tributação adotado, com o intenso processo da globalização, a internacionalização das empresas e o consequente estabelecimento de subsidiárias e investimentos no exterior cresceram exponencialmente. Em razão disso, o estudo acerca da tributação dos lucros auferidos em territórios estrangeiros passou a ser de grande relevância para os Estados, uma vez que os governos, ao crerem em uma possível perda de arrecadação fiscal, concentraram sua análise nos acontecimentos fora de seus próprios territórios.

O Governo Brasileiro, nesse contexto, preocupado com um suposto déficit fiscal, objetivou também aumentar a sua receita tributária. Para tanto, uma das medidas era justamente alcançar os valores gerados no exterior como se fossem, na verdade, auferidos em nosso país. A tentativa de captura desses montantes deu origem à "tributação em bases universais" (TBU) no Brasil.

Por esse regime tributário, ainda que as subsidiárias de empresas brasileiras estejam estabelecidas no exterior, a taxação pelo Brasil seria

---

[202] "*Capital Export Neutrality is a public finance concept to describe the situation where investors are subject to the same level of taxes on capital income regardless the country in which income is earned.*" International Bureau of Fiscal Documentation, IBFD International Tax Glossary (Amsterdam: IBFD, 2009). p.61.

[203] "*Capital Import Neutrality is a public finance concept to describe the situation where investments within a country are subject to the same level of taxes regardless of whether they are made by a domestic or foreign investor.*" Ibid.

possível para evitar uma suposta elisão fiscal[204] que as autoridades fiscais insistiam em denominar os planejamentos tributários realizados pelos contribuintes. Em outras palavras, o Poder Legislativo, ao editar a TBU, considerou como abusivo o estabelecimento de toda e qualquer subsidiária de empresa brasileira no exterior e, por isso, a tributação dos seus rendimentos seria viável.

Assim, com o intuito de possibilitar a cobrança de impostos sobre os lucros estrangeiros, a administração pública criou diversas normas regulamentadoras para taxar a simples disponibilidade da renda pelo contribuinte fora do Brasil, sem que, contudo, houvesse ocorrido qualquer distribuição para a nossa jurisdição. Com efeito, a simples geração de valores no exterior acarretaria uma possível tributação por nosso país, afastando-se, dessa maneira, o Princípio da Territorialidade[205] em detrimento do Princípio da Universalidade.

Nesse contexto, foi editada a Lei nº 9.249/1995, que regulamentou a tributação da renda dos lucros auferidos no exterior por empresa nacional, conforme o disposto no seu artigo 25[206]. Dessa forma, a partir de 1º de dezembro de 1996, os lucros gerados por pessoa jurídica em toda e qualquer operação praticada no exterior passaram a estar sujeitos à incidência do Imposto de Renda da Pessoa Jurídica (IRPJ).

Muito se discutiu se esse amplo alcance da legislação brasileira era possível[207]. Isso porque, ao desconsiderar a personalidade das pessoas jurídicas estrangeiras, uma vez que, ao ser possível um regime de taxação extraterritorial, ignora-se por completo as leis tributárias do país

---

204 Consoante ensina o Professor Paulo Ayres Barreto, "faz-se menção à 'elisão tributária' usualmente em oposição à 'evasão fiscal', tendo em consideração a licitude da conduta – o que caracterizaria a conduta meramente elisiva – ou sua ilicitude, hipótese na qual estaríamos diante de prática evasiva", ainda que reconheça não haver consenso nessa dicotomia. (BARRETO, 2016. p. 156-160).

205 Pelo Princípio da Territorialidade, haverá uma limitação entre o Estado e o seu próprio território, não sendo possível a captação de situações que ocorram foram dele.

206 "Os lucros, rendimentos e ganhos de capital auferidos no exterior serão computados na determinação do lucro real das pessoas jurídicas correspondente ao balanço levantado no dia 31 de dezembro de cada ano."

207 Conferir: XAVIER, Alberto. *Op. cit.*; ESTRADA, Roberto Duque. *É imperiosa a revisão da lei de tributação internacional*. In: https://www.conjur.com.br/2012-jan-11/consultor-tributario-imperiosa-revisao-lei-tributacao-internacional. Acesso em 18 de agosto de 2022.

de estabelecimento da subsidiária e pode, desse modo, ocorrer a dupla tributação da renda.

Sendo certo que o Brasil não é o país no qual os montantes são produzidos e nem a jurisdição onde situada a subsidiária, não deveria ser permitida, por conseguinte, qualquer incidência de tributos brasileiros como assim objetivou a norma. Com a possibilidade da TBU, os conceitos de "Estado de Residência" e "Estado-Fonte" restam afastados e, dessa maneira, a desconsideração das personalidades jurídicas das subsidiárias estrangeiras foi capaz de imputar uma tributação pelo nosso território.

A expectativa dos contribuintes após todas as discussões sobre uma eventual inconstitucionalidade da norma era que ela fosse expurgada do nosso ordenamento, tendo em vista que a mera apuração de lucro por subsidiárias estrangeiras não teria o condão de autorizar a incidência do IRPJ na matriz. Ainda que para alguns estudiosos a nova norma não objetivava aumentar a arrecadação, mas, tão somente, conter a transferência de capital para territórios com baixa tributação (HIGUCHI e col., 2004, p. 97), as discussões sobre a sua inconstitucionalidade só cresciam nos Tribunais Brasileiros, em especial porque o próprio Supremo Tribunal Federal, ao julgar o Recurso Extraordinário (RE) n°172.05[208] houve por bem considerar inconstitucional a incidência do Imposto sobre o Lucro Líquido (ILL) das empresas sobre montantes ainda não distribuídos.

No entanto, a Instrução Normativa (IN) n° 38 veio a regulamentar a Lei n° 9.249/1995 e, além de ter confirmado a tributação em bases universais, inovou ao determinar o momento em que o lucro auferido no exterior deveria ser tributado no Brasil, bastando, para tanto, a simples disponibilização do resultado na subsidiária estrangeira[209].

---

[208] BRASIL. Supremo Tribunal Federal. Recurso Extraordinário n° 172.058-1/SC. Rel. Min. Marco Aurélio. Disponível em: http://www.stf.gov.br/Jurisprudencia/It/frame.asp?classe=RE&processo=172058&origem=IT& codclasse=437. Acesso em 12 de junho de 2022.

[209] "Art. 1°. A partir de 1° de janeiro de 1996 os lucros, rendimentos e ganhos de capital auferidos no exterior, por pessoa jurídica domiciliada no Brasil, serão tributados pelo imposto de renda na forma da legislação vigente, observadas as disposições desta Instrução Normativa. (...)

"Art. 2°. Os lucros auferidos no exterior, por intermédio de filiais, sucursais, controladas ou coligadas serão adicionadas ao lucro líquido do período-base, para efeito de determinação do lucro real correspondente ao balanço levantado em 31 de dezembro do ano-calendário em que tiverem sido disponibilizados."

Consequentemente, o critério para a incidência do IRPJ passou a ser o dia 31.12 do respectivo ano-calendário da disponibilização.

Como a IN foi além do disposto na lei, não se atendendo apenas a regulamentá-la, foi mira das mais variadas críticas, em especial por não ser o meio normativo adequado[210]. Com o intuito de "legalizá-la", foi editada a Lei nº 9.532/1997, que apesar de ter conservado a tributação em bases universais, afastou a presunção de disponibilidade de renda dos lucros levantados nos balanços das empresas controladas e coligadas situadas no exterior[211]. Sobre esse aspecto, o Professor Sergio André Rocha (2022, p. 31) dispõe:

> Uma questão relevante da sistemática de disponibilização prevista no artigo 1º da Lei nº 9.532/1997 é que esta não alterou a materialidade tributável pelo IRPJ, que seguiu sendo, no que nos interessa neste livro, lucros auferidos no exterior. Esta regra tratou apenas do momento em que tais lucros seriam considerados disponibilizados para fins de tributação. Em outras palavras, cuidou a Lei nº 9.532/1997 do aspecto temporal da hipótese de incidência do IRPJ nesses casos, e não de seu aspecto material.

Alguns anos depois, mais especificamente em 2001, a Lei Complementar nº 104 foi editada inserindo os parágrafos 1º e 2º no artigo 43 do CTN[212]. O parágrafo 1º confirmou a adoção do Princípio da Universalidade anteriormente previsto na Lei nº 9.249/95, não trazendo, portanto, mudança significativa na legislação tributária. Já o parágrafo 2º delegou competência à legislação ordinária para dispor acerca das

---

[210] Conferir: OLIVEIRA, Ricardo Mariz de. *Os importantes conceitos de pagamento, crédito, remessa, entrega e emprego da renda (a propósito do imposto de renda na fonte e de lucros de controladas e coligadas no exterior)*. In: https://www.marizadvogados.com.br/wp-content/uploads/2018/04/NArt.01-2006.pdf. Acesso em 12 de junho de 2022.

[211] "Art. 1º. Os lucros auferidos no exterior, por intermédio de filiais, sucursais, controladas ou coligadas serão adicionadas ao lucro líquido, para determinação do lucro real correspondente ao balanço levantado no dia 31 de dezembro do ano-calendário em que tiverem sido disponibilizados para a pessoa jurídica domiciliada no Brasil."

[212] "§1º A incidência do imposto independe da denominação da receita ou do rendimento, da localização, condição jurídica ou nacionalidade da fonte, da origem e da forma de percepção.
§2º Na hipótese de receita ou de rendimento oriundos do exterior, a lei estabelecerá as condições e o momento em que se dará sua disponibilidade, para fins de incidência do imposto referido neste artigo."

"condições" e do "momento" em que os lucros deveriam ser considerados como disponíveis.

Pode-se afirmar, então, que antes dessa alteração, as normas que determinaram o momento e as condições em que ocorreria a disponibilização dos lucros para os contribuintes, o fizeram sem base legal, pois o artigo 43 do CTN não permitia essa possibilidade. Essa previsão legal, ainda que questionável, só veio com a edição da referida lei complementar.

Ainda em 2001, foi promulgada a MP nº 2.158-35 trazendo, em definitivo, a possibilidade de tributação, pelo Brasil, de renda auferida no exterior quando as empresas controladas e coligadas estrangeiras levantassem/apurassem seus respectivos balanços. Definiu ainda que os lucros contabilizados até 31.12.2001 seriam considerados disponibilizados em 31.12 do ano seguinte, independentemente de não serem efetivamente distribuídos para a controladora brasileira.

Na linha do demonstrado até aqui, a publicação da MP fortaleceu ainda mais a discussão sobre a inconstitucionalidade dessa previsão, devidamente destacada no artigo 74[213], uma vez que se legalizou, de forma ampla, a possibilidade de tributação pelo IRPJ, sem que ocorresse a real distribuição dos lucros obtidos de empresas coligadas e controladas localizadas no exterior para a empresa situada no Brasil. Tal dispositivo apenas corroborou a irrelevância da prática do ato de disponibilização real da renda para a controladora brasileira, bem como não observou os parâmetros internacionais no sentido de somente permitir uma tributação ampla nos casos de abuso.

O que se viu foi que a MP nº 2.158-35/01 ressuscitou a discussão existente quando da edição da Lei nº 9.249/95. Em outras palavras, o legislador quis tributar pelo IR algo que de fato não representa efetivo acréscimo patrimonial para as pessoas jurídicas, afrontando o próprio

---

[213] "Art. 74. Para fim de determinação da base de cálculo do imposto de renda e da CSLL, nos termos do art. 25 da Lei nº 9.249, de 26 de dezembro de 1995, e do art. 21 desta Medida Provisória, os lucros auferidos por controlada ou coligada no exterior serão considerados disponibilizados para a controladora ou coligada no Brasil na data do balanço no qual tiverem sido apurados, na forma do regulamento. Parágrafo único. Os lucros apurados por controlada ou coligada no exterior até 31 de dezembro de 2001 serão considerados disponibilizados em 31 de dezembro de 2002, salvo se ocorrida, antes desta data, qualquer das hipóteses de disponibilização previstas na legislação em vigor."

conceito de renda previsto nos artigos 43[214] e 44[215] do CTN e de lucro previsto no artigo 195[216] da CF.

Pouco tempo depois, em 2002, a Receita Federal do Brasil (RFB) publicou a IN nº 213 para regulamentar o referido artigo. De acordo com ela, os lucros auferidos no exterior por empresas brasileiras serão tributados no Brasil pela justificativa de ter tido acréscimo do resultado de equivalência do patrimônio da empresa, conforme disposto no seu artigo 7º[217]. Essa pretensão, todavia, sofreu críticas dos estudiosos sobre o tema (BARRETO e TAKANO, 2014, p. 360), como elucidado a seguir:

---

[214] "Art. 43. O imposto, de competência da União, sobre a renda e proventos de qualquer natureza tem como fato gerador a aquisição da disponibilidade econômica ou jurídica:

I - de renda, assim entendido o produto do capital, do trabalho ou da combinação de ambos;

II - de proventos de qualquer natureza, assim entendidos os acréscimos patrimoniais não compreendidos no inciso anterior.

§ 1º A incidência do imposto independe da denominação da receita ou do rendimento, da localização, condição jurídica ou nacionalidade da fonte, da origem e da forma de percepção.

§ 2º Na hipótese de receita ou de rendimento oriundos do exterior, a lei estabelecerá as condições e o momento em que se dará sua disponibilidade, para fins de incidência do imposto referido neste artigo."

[215] "Art. 44. A base de cálculo do imposto é o montante, real, arbitrado ou presumido, da renda ou dos proventos tributáveis."

[216] "Art. 195. A seguridade social será financiada por toda a sociedade, de forma direta e indireta, nos termos da lei, mediante recursos provenientes dos orçamentos da União, dos Estados, do Distrito Federal e dos Municípios, e das seguintes contribuições sociais:

I - do empregador, da empresa e da entidade a ela equiparada na forma da lei, incidentes sobre:

(...)

c) o lucro;"

[217] "Art. 7º A contrapartida do ajuste do valor do investimento no exterior em filial, sucursal, controlada ou coligada, avaliado pelo método da equivalência patrimonial, conforme estabelece a legislação comercial e fiscal brasileira, deverá ser registrada para apuração do lucro contábil da pessoa jurídica no Brasil.

§ 1º Os valores relativos ao resultado positivo da equivalência patrimonial, não tributados no transcorrer do ano-calendário, deverão ser considerados no balanço levantado em 31 de dezembro do ano-calendário para fins de determinação do lucro real e da base de cálculo da CSLL. (...)"

Logo se vê ser absolutamente equivocada a interpretação de que a nova legislação não alcança os lucros das controladas e coligadas no exterior, mas apenas o seu reflexo no patrimônio da investidora, pelos resultados positivos da equivalência patrimonial. Trata-se de mero jogo de palavras, em tentativa de se camuflar uma tributação sobre os lucros das empresas no exterior, que conflita com o art. 7º dos tratados internacionais para evitar a dupla tributação.

Tal como a MP, a IN nº 213/02 foi objeto de intensa crítica por trazer alterações na legislação tributária do Brasil, gerando imenso desconforto aos contribuintes, em especial pelo fato de que a equivalência patrimonial positiva se trata de mero ajuste contábil do investimento decorrente da variação positiva do patrimônio líquido da controlada ou coligada. Consequentemente, por não poder ser confundida com lucro auferido pela investidora, essa variação não pode ser tributada. Nessa linha de argumentação, XAVIER (2010, p. 728):

> Enquanto o argumento do controle vislumbra o fundamento da disponibilidade legitimadora da tributação no mero poder de vontade do sócio controlador, o argumento da equivalência patrimonial vê esse fundamento no fato de o método de patrimônio líquido considerar que aquela equivalência já é parte integrante do lucro da controladora brasileira, independentemente de um ato de distribuição. Foi precisamente este argumento que levou a Instrução Normativa nº 213, de 7 de outubro de 2002, a proceder à distinção (não prevista na lei) entre os investimentos avaliados pelo método da equivalência patrimonial, em relação aos quais se aplicaria o regime da tributação automática por ocasião da apuração do lucro (...).

A doutrina majoritária[218] considerou inconstitucional a pretensão da MP pelos motivos acima destacados. Por outro lado, o Professor Marco Aurélio Greco expõe que não haveria incompatibilidade entre o art. 74 e o ordenamento jurídico brasileiro, pois referido dispositivo não transborda o conceito constitucional de renda ou provento. Para ele, na medida em que o lucro gerado pela subsidiária estrangeira aumenta, por conseguinte, o patrimônio da controladora brasileira positivamente, eis que o valor da participação societária passa a ser economicamente maior, a incidência do IRPJ é possível (UCKMAR e col., 2012, p.394-395).

Apesar das intensas discussões na tentativa de que fosse reconhecida a inconstitucionalidade dessa sistemática, atualmente, a matéria é

---

[218] Alberto Xavier, André Martins de Andrade, Paulo Ayres Barreto, Heleno Taveira Torres, Ricardo Mariz de Oliveira, Sergio André Rocha, dentre outros renomados nomes.

regida pela Lei n° 12.973/14, em especial pelo art. 76[219], que, apesar de trazer algumas inovações[220], manteve a possibilidade de tributação automática dos lucros auferidos no exterior. O que se percebe é que a nossa legislação novamente foi na contramão da política internacional, pois, enquanto as regras dos demais Estados atingem apenas as situações de abuso, ao permitir uma tributação ampla, a norma brasileira alcança todos os casos de estabelecimentos de subsidiárias no exterior.

Sendo certo que o Brasil já possui uma legislação extremamente rígida e extensa que acarreta uma tributação ampla das controladas estrangeiras, uma das principais indagações é como os planos e orientações da OCDE no que tange ao Pilar 2 farão sentido em nosso país, especialmente pelo objetivo dessa medida, i.e., impor uma tributação mínima global, ocorrer antecipadamente com a Lei n° 12.973/14.

Contudo, antes de se explorar essa parte, é necessário trazer, mesmo que brevemente, o pronunciamento dos tribunais superiores sobre a matéria para demonstrar que a rigidez da nossa legislação foi corroborada pela Suprema Corte. Isso, por certo, pode ser prejudicial na adequação do Brasil aos parâmetros da OCDE e, eventualmente, retirar a importância e necessidade de implementação do Pilar 2 no nosso ordenamento jurídico.

3.3.2. OS JULGAMENTOS DO SUPREMO TRIBUNAL FEDERAL SOBRE A MATÉRIA

Considerando uma eventual impossibilidade da tributação brasileira dos lucros auferidos no exterior pelos motivos expostos no item anterior, a Confederação Nacional das Indústrias (CNI) ajuizou uma Ação Direta de Inconstitucionalidade, posteriormente autuada sob o n° 2.588. Apesar de ter sido distribuída em 2003, o seu julgamento demorou uma década para ocorrer e, somente em abril/2013, a questão

---

[219] "Art. 76. A pessoa jurídica controladora domiciliada no Brasil ou a ela equiparada, nos termos do art. 83, deverá registrar em subcontas da conta de investimentos em controlada direta no exterior, de forma individualizada, o resultado contábil na variação do valor do investimento equivalente aos lucros ou prejuízos auferidos pela própria controlada direta e suas controladas, direta ou indiretamente, no Brasil ou no exterior, relativo ao ano-calendário em que foram apurados em balanço, observada a proporção de sua participação em cada controlada, direta ou indireta."

[220] Por exemplo, a tributação direta dos resultados auferidos pelas controladoras indiretas e a possibilidade de consolidação dos resultados positivos e negativos na controladora brasileira.

foi analisada pelo STF em um julgamento que pode ser considerado, no mínimo, como complexo[221].

Após anos de espera, os contribuintes se surpreenderam com o posicionamento dos Ministros ao julgarem o caso. A ADI foi considerada parcialmente procedente, por maioria de 6 (seis) votos, e foi declarado, com eficácia *erga omnes* e efeito vinculante, que o artigo 74 da MP nº 2.158/01 se aplica somente às empresas controladas situadas em países considerados "paraísos fiscais".

Além disso, foi declarado inconstitucional a retroatividade mencionada no parágrafo único[222] do artigo 74, afastando-a para as empresas controladas e coligadas localizadas em paraísos fiscais e para empresas situadas em países de tributação não favorecida. Para melhor compreensão e entendimento da decisão final, os votos podem ser sintetizados conforme a tabela abaixo colacionada:

Quadro 1 - Resumo dos Votos na ADI nº 2.588

Decisão	Ministro
Inconstitucionalidade do art. 74	Sepúlveda Pertence, Celso de Mello, Marco Aurélio e Ricardo Lewandowski
Inconstitucionalidade parcial (apenas em relação às coligadas)	Ellen Gracie
Inconstitucionalidade parcial (apenas em relação às empresas situadas em países com tributação normal)	Joaquim Barbosa
Constitucionalidade integral	Nelson Jobim, Eros Grau e Cezar Peluso
Constitucionalidade parcial, com a expressa ressalva para os casos que envolvam pessoas jurídicas situadas em países com os quais o Brasil tenha celebrado tratado	Ayres Britto

Com esses votos, foi proclamado, com efeito vinculante e eficácia *erga omnes*, o resultado no sentido de que a incidência do art. 74 da MP 2.158-35/01: (i) é constitucional quando se tratar de controlada de empresa brasileira situada em paraíso fiscal (conforme elucidado pelos Ministros Joaquim Barbosa, Nelson Jobim, Ellen Gracie, Cezar Peluso, Ayres Britto e Eros Grau); e (ii) é inconstitucional quando se cuidar de

---

[221] Após mais de uma década de tramitação, a ADI 2.588 foi julgada em 2012, com um resultado final decepcionante (ROCHA, 2022, p.35).

[222] "Parágrafo único. Os lucros apurados por controlada ou coligada no exterior até 31 de dezembro de 2001 serão considerados disponibilizados em 31 de dezembro de 2002, salvo se ocorrida, antes desta data, qualquer das hipóteses de disponibilização previstas na legislação em vigor."

coligada de empresa brasileira situada em país com tributação normal e/ou tratado para evitar a dupla tributação da renda (na visão dos Ministros Joaquim Barbosa, Celso de Mello, Sepúlveda Pertence, Marco Aurélio, Ellen Gracie e Ricardo Lewandowski).

Destaque-se também que foi proferida decisão pela inconstitucionalidade do parágrafo único do art. 74, todavia, sem efeito vinculante e eficácia *erga omnes* (conforme votos dos Ministros Joaquim Barbosa, Celso de Mello, Sepúlveda Pertence, Marco Aurélio, Cezar Peluso e Ricardo Lewandowski). Pelas distinções feitas pelo STF, a tabela a seguir resume as questões que foram decididas em definitivo pela Corte[223]:

Quadro 2 - Questões debatidas na ADI nº 2.588:

Pessoa Jurídica	País	Art. 74 da MP 2.158	Eficácia *erga omnes*
Coligadas	Sem tributação favorecida	Inconstitucional	Sim
	Com tributação favorecida	Constitucional	Não
Controladas	Sem tributação favorecida	Constitucional	Não
	Com tributação favorecida	Constitucional	Sim

Nada obstante a ampla discussão, algumas questões relevantes ficaram em aberto. A Corte, por exemplo, não decidiu a respeito da aplicação da norma às controladas fora de paraísos fiscais e às coligadas localizadas em países de tributação favorecida, permanecendo a dúvida das empresas sobre como tributar as suas subsidiárias nessas específicas situações e sobre quando o STF se manifestaria sobre a matéria. Considerando a falta de conclusão pelo STF, vale citar o trecho abaixo sobre a necessidade de uma reanálise do tema (SAUNDERS, 2022, p. 205):

> Mesmo após a decisão do STF na ADI nº 2.588, a controvertida matéria da tributação dos lucros das empresas coligadas e controladas no exterior não foi resolvida, tampouco pela edição da nova lei. A decisão da Corte Superior sobre o tema, em 2013, não enfrentou todos os pontos relevantes e deixou em aberto questões que deveriam ter sido resolvidas naquele momento, com o fim de redução dos litígios judiciais e administrativos provenientes dessa discussão.
> (...) Ao violar regras específicas da CF e considerando o papel cada vez maior da Suprema Corte como condutora dos nossos comportamentos, caberá a ela, ao julgar determinada matéria, solucionar o problema da sociedade através de uma decisão judicial sólida, com o intuito de propiciar segurança para um sistema que procura estabilizar suas expecta-

---

[223] Quadro exposto na Solução de Consulta Interna COSIT nº 18/2013.

tivas. O Direito Tributário, por essa razão, não tem como se afastar do neoconstitucionalismo.

A inobservância da Constituição Federal por ambas as normas que dispõem sobre a tributação dos lucros auferidos no exterior por subsidiárias de empresas brasileiras por si só acarreta às suas invalidades em nosso ordenamento. Como em razão da presunção da legalidade das normas os contribuintes não podem desconsiderar a legislação em vigor, caberá à Suprema Corte expurgá-la do no sistema jurídico pela violação ao conceito constitucional de renda.

Resta, portanto, aguardar uma nova análise do tema pelo STF que oportunamente poderá decretar a inconstitucionalidade do art. 76 da Lei nº 12.973/14 definindo, de uma vez por todas, essa questão.

Como solução para as lacunas existentes, nada obstante se aguarde um novo pronunciamento do STF no que tange à inconstitucionalidade do art. 76 da Lei nº 12.973/2014, incumbiu-se à Corte rediscutir a matéria de forma definitiva em outras oportunidades. Para tanto, o Recurso Extraordinário nº 611.586 foi selecionado como o *leading case*[224].

Referido RE foi interposto pela Cooperativa Agropecuária Mourãoense LTDA. (COAMO), tendo sido distribuído ao Ministro-Relator Joaquim Barbosa em abril/2010 e com repercussão geral reconhecida pela Corte. Ele teve origem no Mandado de Segurança (MS) nº 2003.70.03.000876-4 que versava sobre a impossibilidade de exigência do IRPJ e da Contribuição Social sobre o Lucro (CSLL) incidentes sobre os lucros auferidos de empresas controladas situadas no exterior (especificamente Aruba – paraíso fiscal) levando em conta a data do balanço em que forem apurados, independentemente da efetiva disponibilização dos lucros às sociedades controladoras residentes no Brasil.

A segurança foi denegada sob o fundamento de que, com a apuração dos lucros na sociedade controlada, a pessoa jurídica controladora adquire imediatamente a disponibilidade da renda, ensejando a incidência dos referidos tributos. O acórdão proferido pelo Tribunal

---

[224] Tema: 537: Momento de disponibilização de renda de pessoas jurídicas sediadas no Brasil com participação nos lucros de suas empresas coligadas ou controladas no estrangeiro para fins de IR.

Descrição: Recurso extraordinário em que se discute, à luz dos artigos 145, § 1º; 150, III, a; e 153, III, da Constituição Federal, a constitucionalidade, ou não, do art. 74, caput e parágrafo único, da Medida Provisória n. 2.158-35/2001, que considera disponibilizados, para a controladora ou coligada no Brasil, os lucros auferidos por controlada ou coligada no exterior na data do balanço no qual tiverem sido apurados, assim como estabelece que esses lucros apurados até 31 de dezembro de 2001 serão reputados disponibilizados em 31 de dezembro de 2002.

Regional Federal da 4ª Região (TRF4) negou provimento ao Recurso de Apelação e, diante disso, foi interposto RE. Tendo em vista a empresa controlada se situar em paraíso fiscal, a Suprema Corte negou seguimento ao recurso.

Ao analisar o caso, o Ministro Teori Zavaski dispôs que o mesmo já estava devidamente abarcado pela decisão proferida anteriormente na ADI, negando, assim, provimento a ele. Seu voto foi acompanhado pelos Ministros Luiz Fux, Dias Toffoli, Carmem Lúcia, Ricardo Lewandovski, Rosa Weber, Gilmar Mendes, Celso de Mello e Joaquim Barbosa, sendo vencido o Ministro Marco Aurélio que manteve o seu mesmo posicionamento anterior quanto à total inconstitucionalidade do art. 74 da MP.

Uma vez que este caso tratou apenas de empresa controlada sediada em paraíso fiscal, fez-se necessária a análise de outro processo específico que abrangesse subsidiária residente em país que efetivamente tributasse a renda. Nesse sentido, o RE nº 541.090 foi também avaliado pela Corte.

Em suma, trata-se do MS nº 2003.72.01.000014-4 impetrado pela Empresa Brasileira de Compressores S.A. (EMBRACO) que objetivava afastar a exigência do IRPJ e da CSLL com base nos TDTs em relação aos lucros acumulados por empresas coligadas ou controladas sediadas no exterior e fora de paraíso fiscal (China e Itália). Face à sentença que concedeu a segurança, foi interposto Recurso de Apelação pela Fazenda Nacional (FN), que foi julgado favoravelmente pelo TRF4. Em razão dessa decisão, a FN recorreu à Suprema Corte.

O Ministro-Relator Joaquim Barbosa entendeu que, uma vez que a empresa não se encontrava em paraíso fiscal, não poderia se aplicar o art. 74. Em sentido contrário, o Ministro Teori Zavaski entendeu ser o artigo constitucional, independentemente da localidade da empresa controlada, devendo, seu lucro ser devidamente tributado pelas autoridades fiscais brasileiras. Nesse mesmo sentido, votaram os Ministros Dias Toffoli, Rosa Weber, Carmem Lúcia e Gilmar Mendes. O Ministro Luiz Fux se declarou impedido por ter participado do julgamento no Superior Tribunal de Justiça (STJ).

Nada obstante tal decisão, o STF determinou o retorno dos autos ao TRF4 para que ele se pronunciasse sobre a questão atinente à vedação da bitributação baseada nos tratados internacionais celebrados pelo Brasil. Cumpre esclarecer, no entanto, que até o presente momento, não houve novo envio dos autos à Suprema Corte para julgamento final.

Esse panorama em que detalhadamente se explicou tanto a legislação brasileira quanto o entendimento do STF é importante pois, ao se considerar o Pilar 2 como um complemento às normas tributárias das jurisdições e uma imposição obrigatória de um pagamento mínimo legal a determinados contribuintes, pode-se chegar à conclusão de que a verificação das orientações da OCDE pode não ser necessária ao Brasil.

Como as normas brasileiras de tributação dos lucros auferidos no exterior, cuja inconstitucionalidade não foi reconhecida pela Suprema Corte, representam um regime de inclusão total na base de cálculo da controladora dos valores gerados pelas suas controladas estrangeiras, a lógica, o objetivo e o resultado do Pilar 2 e da nossa legislação seguem no mesmo sentido. Sendo assim, as regras brasileiras podem ser reconhecidas como similares à nova medida proposta pela OCDE.

Com o posicionamento da Suprema Corte, que, ao não expurgar a norma do nosso ordenamento, considera válida e constitucional uma legislação extensiva como a nossa, já há, no Brasil, a captura de montantes gerados em jurisdições sem carga tributária. Diante disso, é possível que o Pilar 2 não traga novos efeitos em nossa jurisdição, uma vez que os resultados obtidos por ambos esses regramentos são praticamente iguais.

Como o Brasil dificilmente perde em termos de receita, eis que, além de nossa alíquota ser superior ao requerido globalmente, a quantidade de tributos que os contribuintes têm que recolher é maior do que em outras jurisdições[225], pode-se inferir que o imposto mínimo global teria pouco reflexo e mínimas vantagens para nosso país. Os quadros a seguir, com um exemplo hipotético, comparam as duas hipóteses[226]:

---

[225] https://www.ipea.gov.br/portal/index.php?option=com_content&view=article&id=39018#:~:text=O%20estudo%20informa%20que%20a,o%20seu%20valor%20em%20si. Acesso em 28 de junho de 2022.

[226] A ideia é demonstrar que no caso de uma subsidiária de controladora brasileira auferir lucro no exterior, o pagamento de imposto sobre esse montante é maior com a verificação da Lei nº 12.973/14 do que com a observância do Pilar 2.

Quadro 3 - Lei nº 12.973/14 - efeito tributário:

Lucro da Controladora no Brasil	Lucro da Controlada no exterior*	Incidência Tributária no Brasil (34%)	Incidência sobre o lucro auferido no exterior pelo Brasil (34%)	Total de imposto pago
100	100	34	34	34+34= 68

*considerando não haver tributação

Quadro 4 - Pilar 2 - efeito tributário:

Lucro da Controladora no Brasil	Lucro da Controlada no exterior*	Incidência Tributária no Brasil (34%)	Incidência sobre o lucro auferido no exterior pelo Brasil (15%)**	Total de imposto pago
100	100	34	15	34+15= 49

*considerando não haver tributação
**considerando as regras do Pilar 2 em vigor e em substituição às normas internas

Nada obstante, apesar de em uma análise inicial, se fazer crer na pouca efetividade da diretiva em nosso território, vale também analisar eventual efeito no Brasil da medida da OCDE com a decisão proferida pelo STJ no que tange à supremacia dos tratados em relação à nossa norma interna. É o que se passa a expor a seguir.

3.3.3. O JULGAMENTO DO SUPERIOR TRIBUNAL DE JUSTIÇA SOBRE A MATÉRIA

Por fim, como ponto relevante e fundamental na avaliação da pertinência do Pilar 2 no Brasil, há que se destacar a decisão proferida pelo STJ nos autos do Recurso Especial nº 1.325.709. Isso porque, para que se tenha um panorama completo, além do posicionamento do STF sobre a nossa legislação de lucros auferidos no exterior, é necessário elucidar como é a jurisprudência em relação à aplicabilidade dos TDT celebrados pelo Brasil quando há o auferimento de lucro por subsidiárias estrangeiras.

Nesse contexto, cumpre esclarecer que a Vale S.A. (Vale) impetrou Mandado de Segurança, atuado sob o número 2003.51.01.002937-0, objetivando afastar a aplicação do art. 74 da MP nº 2158/01. A principal alegação foi no sentido de uma possível incompatibilidade com o artigo 7º dos TDTs celebrados entre o Brasil e os países de domicílio das suas subsidiárias estrangeiras (Bélgica, Dinamarca e Luxemburgo), que atribui a estas jurisdições competência exclusiva para tributar seus lucros.

Tanto a sentença como o acórdão proferido pelo Tribunal Regional Federal da 2ª Região foram desfavoráveis ao contribuinte, por entenderem que é possível que o Brasil tribute o lucro auferido no exterior das subsidiárias estrangeiras, uma vez que se trata de montante atribuído à empresa brasileira. Por essa razão, foi interposto Recurso Especial.

Ao analisar o REsp, em 24 de abril de 2014, a Primeira Turma do STJ, por maioria, julgou o referido recurso favorável à Vale, decidindo que os lucros auferidos pelas empresas controladas devem ser tributados apenas no país de domicílio da controlada quando houver tratado entre as jurisdições. Considerou, portanto, ser inaplicável a tributação antecipada, como assim disposto na legislação brasileira, em detrimento das convenções celebradas por nosso país, conforme ementa do julgado colacionada a seguir:

> RECURSO ESPECIAL TRIBUTÁRIO E PROCESSUAL CIVIL. MANDADO DE SEGURANÇA DENEGADO NA ORIGEM. APELAÇÃO. EFEITO APENAS DEVOLUTIVO. PRECEDENTE. NULIDADE DOS ACÓRDÃOS RECORRIDOS POR IRREGULARIDADE NA CONVOCAÇÃO DE JUIZ FEDERAL. NÃO PREQUESTIONAMENTO. SÚMULAS 282 E 356/STF. IRPJ E CSLL. LUCROS OBTIDOS POR EMPRESAS CONTROLADAS NACIONAIS SEDIADAS EM PAÍSES COM TRIBUTAÇÃO REGULADA. PREVALÊNCIA DOS TRATADOS SOBRE BITRIBUTAÇÃO ASSINADOS PELO BRASIL COM A BÉLGICA (DECRETO 72.542/73), A DINAMARCA (DECRETO 75.106/74) E O PRINCIPADO DE LUXEMBURGO (DECRETO 85.051/80). EMPRESA CONTROLADA SEDIADA NAS BERMUDAS. ART. 74, CAPUT DA MP 2.157-35/2001. DISPONIBILIZAÇÃO DOS LUCROS PARA A EMPRESA CONTROLADORA NA DATA DO BALANÇO NO QUAL TIVEREM SIDO APURADOS, EXCLUÍDO O RESULTADO DA CONTRAPARTIDA DO AJUSTE DO VALOR DO INVESTIMENTO PELO MÉTODO DA EQUIVALÊNCIA PATRIMONIAL. RECURSO ESPECIAL CONHECIDO E PARCIALMENTE PROVIDO, PARA CONCEDER A SEGURANÇA, EM PARTE.
> 1. Afasta-se a alegação de nulidade dos acórdãos regionais ora recorridos, por suposta irregularidade na convocação de Juiz Federal que funcionou naqueles julgamentos, ou na composição da Turma Julgadora; inocorrência de ofensa ao Juiz Natural, além de ausência de prequestionamento. Súmulas 282 e 356/STF. Precedentes desta Corte.
> 2. Salvo em casos excepcionais de flagrante ilegalidade ou abusividade, ou de dano irreparável ou de difícil reparação, o Recurso de Apelação contra sentença denegatória de Mandado de Segurança possui apenas o efeito devolutivo. Precedente: AgRg no AREsp. 113.207/SP, Rel. Min. CASTRO MEIRA, DJe 03/08/2012.

3. A interpretação das normas de Direito Tributário não se orienta e nem se condiciona pela expressão econômica dos fatos, por mais avultada que seja, do valor atribuído à demanda, ou por outro elemento extrajurídico; a especificidade exegética do Direito Tributário não deriva apenas das peculiaridades evidentes da matéria jurídica por ele regulada, mas sobretudo da singularidade dos seus princípios, sem cuja perfeita absorção e efetivação, o afazer judicial se confundiria com as atividades administrativas fiscais.

4. O poder estatal de arrecadar tributos tem por fonte exclusiva o sistema tributário, que abarca não apenas a norma regulatória editada pelo órgão competente, mas também todos os demais elementos normativos do ordenamento, inclusive os ideológicos, os sociais, os históricos e os operacionais; ainda que uma norma seja editada, a sua efetividade dependerá de harmonizar-se com as demais concepções do sistema: a compatibilidade com a hierarquia internormativa, os princípios jurídicos gerais e constitucionais, as ilustrações doutrinárias e as lições da jurisprudência dos Tribunais, dentre outras.

5. A jurisprudência desta Corte Superior orienta que as disposições dos Tratados Internacionais Tributários prevalecem sobre as normas de Direito Interno, em razão da sua especificidade. Inteligência do art. 98 do CTN. Precedente: (RESP 1.161.467-RS, Rel. Min. CASTRO MEIRA, DJe 01.06.2012).

6. O art. VII do Modelo de Acordo Tributário sobre a Renda e o Capital da OCDE utilizado pela maioria dos Países ocidentais, inclusive pelo Brasil, conforme Tratados Internacionais Tributários celebrados com a Bélgica (Decreto 72.542/73), a Dinamarca (Decreto 75.106/74) e o Principado de Luxemburgo (Decreto 85.051/80), disciplina que os lucros de uma empresa de um Estado contratante só são tributáveis nesse mesmo Estado, a não ser que a empresa exerça sua atividade no outro Estado Contratante, por meio de um estabelecimento permanente ali situado (dependência, sucursal ou filial); ademais, impõe a Convenção de Viena que uma parte não pode invocar as disposições de seu direito interno para justificar o inadimplemento de um tratado (art. 27), em reverência ao princípio basilar da boa-fé.

7. No caso de empresa controlada, dotada de personalidade jurídica própria e distinta da controladora, nos termos dos Tratados Internacionais, os lucros por ela auferidos são lucros próprios e assim tributados somente no País do seu domicílio; a sistemática adotada pela legislação fiscal nacional de adicioná-los ao lucro da empresa controladora brasileira termina por ferir os Pactos Internacionais Tributários e infringir o princípio da boa-fé nas relações exteriores, a que o Direito Internacional não confere abono.

8. Tendo em vista que o STF considerou constitucional o caput do art. 74 da MP 2.158-35/2001, adere-se a esse entendimento, para considerar que os lucros auferidos pela controlada sediada nas Bermudas, País com o qual o Brasil não possui acordo internacional nos moldes da OCDE, devem ser considerados disponibilizados para a controladora na data do balanço no qual tiverem sido apurados.

9. O art. 7o, § 1o. da IN/SRF 213/02 extrapolou os limites impostos pela própria Lei Federal (art. 25 da Lei 9.249/95 e 74 da MP 2.158-35/01) a qual objetivou regular; com efeito, analisando-se a legislação complementar ao art. 74 da MP 2.158-35/01, constata-se que o regime fiscal vigorante é o do art. 23 do DL 1.598/77, que em nada foi alterado quanto à não inclusão, na determinação do lucro real, dos métodos resultantes de avaliação dos investimentos no Exterior, pelo método da equivalência patrimonial, isto é, das contrapartidas de ajuste do valor do investimento em sociedades estrangeiras controladas.

10. Ante o exposto, conheço do recurso e dou-lhe parcial provimento, concedendo em parte a ordem de segurança postulada, para afirmar que os lucros auferidos nos Países em que instaladas as empresas controladas sediadas na Bélgica, Dinamarca e Luxemburgo, sejam tributados apenas nos seus territórios, em respeito ao art. 98 do CTN e aos Tratados Internacionais em causa; os lucros apurados por Brasamerican Limited, domiciliada nas Bermudas, estão sujeitos ao art. 74, caput da MP 2.158-35/2001, deles não fazendo parte o resultado da contrapartida do ajuste do valor do investimento pelo método da equivalência patrimonial.[227]

Nada obstante a decisão pela prevalência dos tratados, o Ministro Sérgio Kukina divergiu do posicionamento da Turma. Para ele, é possível que o Brasil tribute o lucro oriundo de controladas ou coligadas de empresa brasileira mesmo estabelecidas no exterior, pois, na sua visão, trata-se de taxação, na verdade, da pessoa jurídica controladora radicada em nosso território. Desse modo, para o Ministro, é plausível e legal a incidência do IRPJ e da CSLL sobre os lucros auferidos por intermédio de empresas coligadas ou controladas sediadas no exterior da Vale, uma vez que a controladora final está sediada no Brasil.

Após esse julgamento, a Fazenda Nacional interpôs Recurso Extraordinário, por uma suposta violação à CF em decorrência da interpretação conferida ao art. 7 dos TDTs, e o processo foi remetido ao STF em 02 de março de 2015. Em 25 de março de 2021, o Ministro Marco Aurélio negou seguimento ao RE (870.214) e, atualmente, o processo está concluso para análise do Agravo Regimental interposto.

A decisão do STJ constituiu um marco na jurisprudência brasileira e enalteceu os preceitos do direito tributário internacional ao afirmar pela supremacia dos tratados sobre as normas internas, conforme o disposto no art. 98 do CTN[228]. Com efeito, nas hipóteses em que hou-

---

[227] Recurso Especial nº 1.325.709. Relator: Ministro Napoleão Nunes Maia Filho. Primeira Turma do Superior Tribunal de Justiça. Data do julgamento: 20/05/2014.

[228] "Art. 98. Os tratados e as convenções internacionais revogam ou modificam a legislação tributária interna, e serão observados pela que lhes sobrevenha."

ver uma convenção celebrada entre o Brasil e o Estado de Residência da controlada estrangeira, em razão do já citado art. 7, a tributação brasileira não será possível, mesmo com a amplitude da nossa legislação interna, ao menos que se tenha um estabelecimento permanente em nosso território.

Isso porque, apesar da nossa previsão interna, como a empresa controlada é dotada de personalidade jurídica própria e distinta da sua controladora, com a previsão desse dispositivo, os valores auferidos por ela são lucros próprios e, por isso, somente poderão ser tributados no seu país de residência. Pelo STJ, a sistemática adotada pela legislação fiscal brasileira de adicioná-los ao lucro da controladora residente no Brasil viola os Pactos Internacionais Tributários e, em que pese a decisão do STF, o tratado celebrado pelo Brasil impedirá a sua tributação.

Vale destacar também que, após o julgamento do REsp nº 1.325.709, o STJ manteve o seu posicionamento quando da análise do REsp nº 1.272.897[229]. Ainda não há, contudo, novos casos que possam ser

---

[229] "TRIBUTÁRIO E PROCESSUAL CIVIL. PREVALÊNCIA DOS TRATADOS INTERNACIONAIS TRIBUTÁRIOS SOBRE A NORMA DE DIREITO INTERNO. CONCEITO DE LUCRO. INCIDÊNCIA DO IMPOSTO DE RENDA. EMPRESA COM SEDE NA ESPANHA E SEM ESTABELECIMENTO PERMANENTE INSTALADO NO BRASIL. TRATADO TRIBUTÁRIO CELEBRADO ENTRE A REPÚBLICA FEDERATIVA DO BRASIL E O REINO DA ESPANHA. DECRETO 76.975/76. COBRANÇA DE TRIBUTO QUE DEVE SER EFETUADA NO PAÍS DE ORIGEM (ESPANHA). RECURSO ESPECIAL PROVIDO.

1. A jurisprudência desta Corte Superior orienta que as disposições dos Tratados Internacionais Tributários prevalecem sobre as normas jurídicas de Direito Interno, em razão da sua especificidade, ressalvada a supremacia da Carta Magna. Inteligência do art. 98 do CTN. Precedentes: RESP 1.161.467/RS, Rel. Min. CASTRO MEIRA, DJe 1.6.2012; RESP 1.325.709/RJ, Rel. Min. NAPOLEÃO NUNES MAIA FILHO, DJe 20.5.2014.

2. O Tratado Brasil-Espanha, objeto do Decreto 76.975/76, dispõe que os lucros de uma empresa de um Estado Contratante só são tributáveis neste mesmo Estado, a não ser que a empresa exerça sua atividade no outro Estado por meio de um estabelecimento permanente aí situado.

3. O termo lucro da empresa estrangeira deve ser interpretado não como lucro real, mas como lucro operacional, como o resultado das atividades, principais ou acessórias, que constituam objeto da pessoa jurídica, incluído, o rendimento pago como contrapartida de serviços prestados.

4. Parecer do MPF pelo conhecimento e provimento do recurso.

5. Recurso Especial da IBERDROLA ENERGIA S/A provido para assegurar o direito da recorrente de não sofrer a retenção de imposto de renda sobre a remuneração por

mencionados como paradigmas, mas, pelo teor de ambos os acórdãos, as convenções celebradas devem ser respeitadas de modo a afastar a tributação dos lucros auferidos no exterior pelo Brasil.

A importância dessa decisão tanto internamente como sob a ótica da implementação do Pilar 2 em nossa jurisdição deve ser exaltada. Como agora tem-se a situação de que, mesmo com uma legislação ampla, é possível que o Brasil não exerça o seu poder de tributar pelos TDTs celebrados, a renda gerada no exterior observará apenas a alíquota efetiva do país em que sediada a controlada estrangeira.

Nessa específica situação de prevalência dos tratados face à nossa legislação doméstica, a diretiva da OCDE poderá trazer eventuais vantagens fiscais para o Brasil. Sob esse prisma, há, destarte, duas possíveis situações considerando a existência de tratado entre as o Brasil e o país de residência da sua controlada[230]. A primeira é quando a subsidiária estrangeira estiver situada em um país cuja alíquota efetiva seja superior a 15%. Nesse caso, não será necessário o recolhimento de qualquer imposto complementar pela controladora brasileira, haja vista a observância da alíquota mínima trazida pelo Pilar 2. Nesse cenário, o TDT e a Diretiva impedirão a tributação pelo Brasil[231].

Todavia, existe ainda a segunda hipótese na qual a subsidiária estrangeira é residente em um país cuja alíquota efetiva seja inferior a 15%. Neste caso, ainda que a Convenção não permita a tributação pelo Brasil, o Pilar 2 deverá ser considerado para fins de imputação de um recolhimento complementar pela controladora final. Especificamente nessa situação, a Diretiva será aplicada em nosso território e um incremento de receita para o Brasil poderá ocorrer:

---

ela percebida, nos termos que dispõe o Tratado Tributário firmado entre a República Federativa do Brasil e o Reino da Espanha."

[230] Nas situações em que não houver TDT entre o Brasil e o outro Estado, o Pilar 2 não terá efeito, eis que, pela legislação brasileira, os valores auferidos no estrangeiro serão imputados na controladora brasileira.

[231] Sendo certo que é necessário o ajuizamento de medida judicial para resguardar a aplicação do tratado no caso concreto.

Figura 17 - Efeitos do Pilar 2 no Brasil

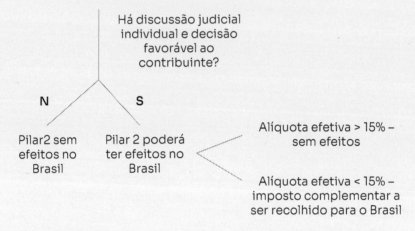

Considerando, pois, o esquema acima, uma vantagem financeira poderá existir para o nosso país. No entanto, eventual aumento no caixa do governo acontecerá desde que observados 3 (três) fatores: (i) a existência de discussão judicial com decisão favorável ao contribuinte para o afastamento da nossa norma; (ii) a existência de tratados entre o Brasil e a jurisdição-sede da controlada estrangeira; e (iii) a alíquota efetiva do país de residência da subsidiária estrangeira ser menor do que 15%.

Com a decisão do STJ e considerando os 3 (três) itens acima destacados, ao se efetivar o Pilar 2 no país, um equilíbrio para o caixa do governo ocorrerá. Isso porque, ao passo que, sem essa medida, não há possibilidade de tributação pelo Brasil, ao introduzirmos no ordenamento as regras GloBE, no caso de não observância do mínimo global pela jurisdição da controlada, o imposto complementar será necessariamente recolhido para nosso território.

Diante disso, um eventual aumento no caixa do governo deve ser levado em consideração para que o processo para se adequar à medida não seja moroso. Nada obstante a forma de aplicação dos métodos do Pilar 2 não estar ainda definida, é certo que mudanças legislativas no sistema brasileiro serão necessárias. Passa-se, desse modo, a verificar como as regras GloBE poderão ser implementadas em nosso território para que o Brasil esteja alinhado com a política internacional da OCDE.

3.3.4. A EFETIVAÇÃO DO PILAR 2 NO BRASIL

Como visto no item 1.3, o método inicial de aplicação das regras GloBE para a realização de um recolhimento complementar é a Regra de Inclusão de Renda e sua imposição ocorrerá nos casos em que uma empresa controlada esteja situada em uma localidade com tributação abaixo de 15%. Assim, a *top-up tax* será aplicada à controladora final do grupo em razão de um recolhimento tributário abaixo do mínimo global pela subsidiária estrangeira.

Para que essa situação seja observada no Brasil, o primeiro passo, por óbvio, é implementar o Pilar 2 em nosso ordenamento jurídico. Com a nova Diretiva, a IIR será também introduzida em nosso território e, desse modo, será possível que o Brasil cobre a diferença do montante que deixou de ser recolhido em outra jurisdição nos moldes preconizados pela OCDE.

Além disso, considerando que pelas normas GloBE, a Regra de Pagamento de Tributação Reduzida é um dos métodos utilizados subsidiariamente, a sua inserção na nossa legislação doméstica deverá ocorrer. Ainda que pela existência da IIR no ordenamento jurídico brasileiro não haverá necessidade de observância de qualquer outra forma de tributação, por ser um dos métodos descritos nas normas GloBE, a UTPR igualmente deverá constar no nosso direito interno.

A despeito de tais métodos terem aumentado a sua relevância através do Pilar 2, ambos não são novidades em nosso território. A Regra de Inclusão de Renda é semelhante à legislação brasileira acerca da tributação de lucros auferidos no exterior, uma vez que elas são extensas e igualmente visam a alcançar valores gerados pelas subsidiárias estrangeiras de controladoras residentes no Brasil.

Sob esse aspecto, pela nossa legislação doméstica, os montantes auferidos fora do Brasil sofrem a incidência do IRPJ e da CSLL ainda que não haja distribuição para a controladora brasileira, enquanto, da mesma maneira, pelo Pilar 2 os valores produzidos em jurisdições com alíquota efetiva abaixo de 15% são também tributados no país da matriz final do grupo. É por isso que se pode afirmar pela similaridade dos institutos.

Já em relação à Regra de Pagamento de Tributação Reduzida, ela pode ser considerada similar às nossas normas de Preço de Transferência, em especial no que tange às deduções da base de cálculo[232] e possíveis questionamentos e desconsiderações que podem ocorrer pelas autoridades fiscais. Ademais, com a nova legislação sobre o tema (MP nº 1.152/2022), essa sistemática é mantida, de modo que, quando os termos e as condições estabelecidos na transação controlada divergirem daqueles que seriam estabelecidos entre partes não relacionadas em transações comparáveis, é possível que a autoridade negue as deduções ou quaisquer ajustes realizados pelos contribuintes (nos moldes preconizados pelo art.18).

Ademais, é importante citar que a regra geral é que as importâncias pagas, creditadas, entregues, empregadas ou remetidas a qualquer título, direta ou indiretamente, a pessoas físicas ou jurídicas residentes ou constituídas no exterior e submetidas a um tratamento de país ou dependência com tributação favorecida ou sob regime fiscal privilegiado não são dedutíveis, na determinação do lucro real e da base de cálculo da CSL[233]. Novamente, mostra-se que a UTPR não é algo novo no cenário brasileiro.

Ainda que não sejam inéditos em nossa jurisdição, dúvida que pode existir é se esses métodos, quando efetivamente internalizados, podem afrontar a Constituição Federal e/ou qualquer outro dispositivo infraconstitucional, em especial o CTN, pois, caso positivo, a efetividade do Pilar 2 no Brasil poderá restar prejudicada. Para tanto, uma análise mais detalhada é imprescindível.

Pela aproximação entre a IIR e nosso modelo tributário sobre os lucros auferidos no exterior, os mesmos questionamentos no que tange à MP nº 2.158-35/01 e à Lei nº 12.973/14 serão replicados, ou seja, se ferem o conceito constitucional de renda, além do disposto no art. 43

---

[232] Lei 9.430/96:

"Art. 18. Os custos, despesas e encargos relativos a bens, serviços e direitos, constantes dos documentos de importação ou de aquisição, nas operações efetuadas com pessoa vinculada, somente serão dedutíveis na determinação do lucro real até o valor que não exceda ao preço determinado por um dos seguintes métodos:

(...)

§ 5º Se os valores apurados segundo os métodos mencionados neste artigo forem superiores ao de aquisição, constante dos respectivos documentos, a dedutibilidade fica limitada ao montante deste último.

§ 7º A parcela dos custos que exceder ao valor determinado de conformidade com este artigo deverá ser adicionada ao lucro líquido, para determinação do lucro real."

[233] Vide art. 26 da Lei nº 12.249/2010.

do CTN, bem como se viola as previsões contidas nas Convenções celebradas pelo Brasil com os mais diversos Estados, deverão ser levados em consideração.

Apesar de parecerem carecedoras de maiores debates, essas análises são, no entanto, simples. Isso porque, como também já debatido nesse Estudo, tanto o STF como o STJ já possuem posicionamento final acerca dessas questões.

Considerando a decisão da Suprema Corte, pode-se aplicar a IIR nas situações em que se tratar de controlada de empresa brasileira situada em paraíso fiscal. Por outro lado, ela não poderá incidir quando se estiver diante de coligada de empresa brasileira situada em país com tributação normal. Destaque-se que estas premissas estão exatamente em linha com o Pilar 2, isto é, o recolhimento de um imposto complementar somente ocorrerá nos casos em que a controlada estiver localizada em uma jurisdição com tributação favorecida.

Ponto importante e que deve ser levado em consideração é que a Diretiva da OCDE alcança as controladas localizadas em Estados cuja alíquota efetiva é inferior a 15%. No Brasil, um ajuste na nossa legislação deve ocorrer para seguir essa premissa, uma vez que, conforme disposto na IN nº 1.037/2010, os paraísos fiscais são aquelas jurisdições que tributam a renda com alíquota inferior a 20%[234].

Assim, para estarem em consonância, caso o Pilar 2 seja instituído no Brasil, a IIR deverá alcançar as controladas localizadas em países com alíquota efetiva menor do que 15%. Se, contudo, a alíquota nominal de 20%, prevista hoje em nosso regramento, alcançar apenas as jurisdições cuja alíquota efetiva estiver no patamar estipulado pela Organização, nenhuma alteração precisa ser realizada especificamente quanto à porcentagem.

Ademais, outra importante observação deve ser aqui levantada. Do mesmo modo que a IN nº 1.037/2010 traz o referido percentual para estipulação dos países como paraíso fiscal, ela lista também quais são essas jurisdições. Como o Pilar 2 alcança todos os Estados que tributam a renda abaixo de 15%, é possível que a referida IN englobe apenas

---

[234] "Art. 1º Para efeitos do disposto nesta Instrução Normativa, consideram-se países ou dependências que não tributam a renda ou que a tributam à alíquota inferior a 20% (vinte por cento) ou, ainda, cuja legislação interna não permita acesso a informações relativas à composição societária de pessoas jurídicas ou à sua titularidade, as seguintes jurisdições: (...)"

alguns locais nessa situação, e não a totalidade das jurisdições que deveriam sofrer a incidência da Diretiva.

Isso porque é muito comum que as multinacionais obtenham *rulings* específicos nos Estados em que localizadas as suas subsidiárias, de modo que o recolhimento tributário seja menor nessas jurisdições[235]. Dessa maneira, ainda que não listados na IN, o Pilar 2 objetiva produzir efeito também nesses locais, o que, contudo, ensejaria um questionamento pela inconstitucionalidade dessa possibilidade. Uma vez que o posicionamento da Suprema Corte é claro ao definir que a tributação extensiva deve alcançar os paraísos fiscais (a despeito de a decisão não ter mencionado a IN), ao englobar novos territórios, há uma possível afronta ao julgamento do STF.

Portanto, como as decisões proferidas na ADI nº 2.588 e nos REs nºs 611.568 e 541.090 devem servir como orientação para implementação da IIR no Brasil, para uma compatibilidade entre a Regra de Inclusão de Renda e a legislação doméstica brasileira, eventuais ajustes na IN nº 1.037/2010 devem ser feitos. Para tanto, as principais mudanças devem ser acerca (i) da alíquota efetiva no patamar de 15% e (ii) da taxatividade dos países ali considerados como paraísos fiscais.

Superada a análise sob o ponto de vista constitucional[236], é necessário verificar se a IIR fere a decisão proferida pelo Superior Tribunal de Justiça no Recurso Especial nº 1.325.709. Isso porque para se ter o cenário completo sobre os efeitos do Pilar 2 em nosso território, é crucial a conjugação dos posicionamentos de ambas as cortes superiores.

Para tanto, como o STJ definiu que as Convenções celebradas pelo Brasil devem ser respeitadas, resta saber se há alguma violação da IIR e da UTPR aos TDTs aqui existentes. Sob esse aspecto, o item 1.3 já dispôs sobre as 2 (duas) visões – tanto de forma positiva, como de maneira negativa.

---

[235] https://www.reuters.com/article/us-apple-tax-eu-idUKKBN0EM0U220140611. Acesso em 07 de abril de 2023.

[236] Quanto a uma possível indagação sobre a UTPR e eventual inobservância dos preceitos constitucionais, a decisão do STF não produzirá efeitos. Isso porque a questão acerca da dedutibilidade de pagamentos feitos a partes relacionadas localizadas em jurisdições com baixa carga tributária não foi discutida pela Corte. Em sentido contrário: https://www.taxnotes.com/tax-notes-international/digital-economy/constitutional-case-against-utpr-brazil/2023/01/30/7fw8z. Acesso em 07 de abril de 2023.

A doutrina brasileira pouco – ou nada – fala sobre o assunto. Tão pouco a jurisprudência. Consequentemente, não se pode afirmar que os Tribunais julgarão os métodos do Pilar 2 como incompatíveis com a nossa legislação. Ponto é que, com uma legislação ampla, é possível que a Suprema Corte convalide a Diretiva. Por sua vez, o STJ, ao dispor sobre a necessidade de observância das Convenções, pode afastar a IIR/UTPR por uma suposta violação ao art. 7.

Com isso em mente, para facilitar a adesão ao Pilar 2 não basta apenas a alteração do direito interno, mas, de igual modo, a adaptação dos Tratados celebrados pelo Brasil. Consequentemente, uma cláusula para garantir a aplicação da IIR e da UTPR deve ser inserida em todos os nossos TDTs nos seguintes moldes (ou de forma semelhante):

> As disposições constantes das convenções presentes e futuras não deverão impedir que quaisquer dos Estados Contratantes apliquem os métodos referentes às normas GloBE, em especial as Regras de Inclusão de Renda e de Pagamento de Tributação Reduzida dispostas pelo Pilar 2.

Vale destacar, inclusive, que esse tipo de previsão não é novidade no cenário brasileiro. Como exemplo, o protocolo do TDT entre Brasil e Áustria[237] faz algumas ressalvas, dentre elas que as disposições do artigo 10, parágrafo 5[238] não são conflitantes com as disposições do artigo 24, parágrafo 3[239] e que a lei brasileira concernente à não dedutibilidade dos *royalties* não é conflitante com o artigo 24 parágrafo 4[240].

---

[237] http://www.planalto.gov.br/ccivil_03/Atos/decretos/1976/D78107.html. Acesso em 07 de abril de 2023.

[238] "10.5. Quando uma sociedade residente da Áustria possuir um estabelecimento permanente no Brasil, esse estabelecimento permanente poderá estar sujeito a um imposto retido da fonte de acordo com a legislação brasileira. Todavia, esse imposto não poderá exceder 15% do montante bruto dos lucros do estabelecimento permanente, determinado após o pagamento do imposto de renda de sociedades referente a esses lucros."

[239] "24.3. A tributação de um estabelecimento permanente que uma empresa de um Estado Contratante possuir no outro Estado Contratante não será menos favorável do que as das empresas desse outro Estado Contratante que exerçam a mesma atividade."

[240] "4. As empresas de um Estado Contratante cujo capital parcialmente, direta ou indiretamente, por uma ou várias pessoas residentes do outro Estado Contratante, não ficarão sujeitas, no primeiro Estado, a nenhuma tributação ou obrigação correspondente diversa ou mais onerosa do que aqueles a que estiverem ou puderem estar sujeitas as outras empresas da mesma natureza desse primeiro Estado."

Seguindo esses exemplos, os protocolos das convenções brasileiras podem dispor nesse mesmo sentido. Com isso, outra possibilidade de redação é a seguir destacada:

> As disposições constantes nos artigos 7, 9 ou em qualquer previsão que objetive a tributação da renda não são conflitantes com os métodos referentes às normas GloBE, em especial as Regras de Inclusão de Renda e de Pagamento de Tributação Reduzida dispostas pelo Pilar 2.

Nada obstante essas sugestões, há também a possibilidade de nenhuma modificação ser feita e eventual conflito que surgir entre as disposições dos Tratados e do Pilar 2 ser resolvido mediante invocação do art. 25[241] (Procedimento Amigável)[242]. Dessa maneira, se um residente de um dos Estados Contratantes considerar que o Pilar 2, internalizado na sua respectiva jurisdição ou inserida nas legislações domésticas de ambas, acarretar uma maior tributação que, para ele, não está condi-

---

[241] Geralmente nos TDTs celebrados pelo Brasil a redação é a seguinte:

"1. Quando um residente de um Estado Contratante considerar que as medidas tomadas por um Estado Contratante ou por ambos os Estados Contratantes conduzem ou poderão conduzir, em relação a si, a uma tributação não conforme com a presente Convenção, poderá, independentemente dos recursos estabelecidos pela legislação nacional desses Estados, submeter o seu caso à apreciação da autoridade competente do Estado Contratante de que é residente.

O pedido deverá ser apresentado dentro de dois anos a contar da data da comunicação do imposto que tenha dado causa à reclamação ou, no caso de tributação nos dois Estados, da segunda tributação, ou, no caso de imposto devido na fonte, da data do pagamento dos rendimentos que hajam sido tributados, mesmo que se trate da segunda tributação.

2. Essa autoridade competente, se a reclamação se lhe afigurar fundada e não estiver em condições de lhe dar solução satisfatória, esforçar-se-á por resolver a questão através de acordo amigável com a autoridade competente do outro Estado Contratante, a fim de evitar a tributação não conforme com a Convenção.

O acordo alcançado será aplicado independentemente dos prazos estabelecidos no direito interno dos Estados Contratantes.

3. As autoridades competentes dos Estados Contratantes esforçar-se-ão por resolver, através de acordo amigável, as dificuldades ou as dúvidas a que possa dar lugar a interpretação ou a aplicação da Convenção.

4. As autoridades competentes dos Estados Contratantes poderão comunicar diretamente entre si a fim de chegarem a um acordo nos termos indicados nos números anteriores."

[242] Nos Tratados com Finlândia e Peru, trata-se do art. 24, enquanto nos Tratados com Israel, Luxemburgo, Noruega e Singapura trata-se do art. 26.

zente com as disposições do TDT, poderá submeter a questão para a autoridade competente do seu Estado de Residência[243].

Como a Diretiva tende a ser implementada pelos países, no caso de uma requisição do contribuinte no sentido de que o Pilar 2 fere os dispositivos das Convenções, considerando o cenário global de observância das regras GloBE, não é provável que a autoridade competente acolha as alegações do contribuinte. Mas, caso positivo, a questão será definida através de acordo amigável com a autoridade competente do outro Estado Contratante que, igualmente, poderá rejeitar o pedido, face à observância da medida da OCDE.

Dessa forma, no cenário brasileiro, há que se observar 2 (dois) pontos: a constitucionalidade da nova lei que internalizar o Pilar 2 no nosso ordenamento jurídico e que deverá estar em linha com as decisões da Suprema Corte, ainda que não tenha havido pronunciamento sobre a Lei nº 12.973/2014, bem como a decisão do STJ no que tange à observância dos Tratados. Com isso, a nova norma sobre o tema deverá alcançar as controladas de empresa brasileira que estiverem situadas em paraísos fiscais, sendo certo que um ajuste na IN nº 1.037/2010 deverá ocorrer também. Ademais, ajustes nos protocolos dos Tratados celebrados pelo Brasil são fundamentais nos moldes replicados anteriormente para garantir a eficácia do Pilar 2 em nosso território sem a necessidade de solução de eventual conflito pelo procedimento amigável.

3.3.5. ALGUNS IMPORTANTES EXEMPLOS NO BRASIL

Por fim, vale destacar algumas medidas importantes no que tange a uma maior tributação incorrida pelas empresas tecnológicas. Além da amplitude da legislação de imposto de renda aplicável a todos os contribuintes, soma-se a isso o fato de que diante do cenário da transferência de lucros e do baixo recolhimento tributário daquelas empresas, o nosso governo, para resguardar seu poder de tributar criou mais normas internas para tanto. É o caso, por exemplo, do Projeto de Lei (PL) nº 2358/2020, que institui a Contribuição de Intervenção no Do-

---

[243] O procedimento no Brasil atualmente é regulamentado pela IN nº 1.846/2018 e o seu manual pode ser verificado em: https://www.gov.br/receitafederal/pt-br/acesso-a-informacao/legislacao/acordos-internacionais/map/manual-map.pdf. Acesso em 07 de abril de 2023.

mínio Econômico incidente sobre a receita bruta de serviços digitais prestados pelas grandes empresas de tecnologia (CIDE-Digital)[244].

Esse PL segue a premissa do Pilar 2 e foca nas grandes corporações tecnológicas, que possuam receita global superior a R$ 3 (três) bilhões ou local superior a R$ 100 (cem) milhões, e incide sobre a receita bruta decorrente das atividades de publicidade, plataformas digitais e de transmissão de dados de usuários. A destinação com o novo tributo é para o Fundo Nacional de Desenvolvimento Científico e Tecnológico (FNDCT)[245] e, atualmente, aguarda-se parecer do relator Deputado Pedro Vilela na Comissão de Ciência e Tecnologia, Comunicação e Informática.

Nessa mesma linha, há ainda o Projeto de Lei Complementar nº 131/2020, em tramitação no Senado e que visa a estabelecer a alíquota de 10,6% para a Contribuição para o Financiamento da Seguridade Social (Cofins) devida por pessoas jurídicas que utilizem plataformas digitais e que possuam receita mensal superior a US$20 (vinte) milhões por serviços prestados em todo o mundo ou superior a R$ 6,5 (seis e meio) milhões por serviços prestados no Brasil[246]. Desde que foi proposto, contudo, não houve ainda avanços no Congresso.

O que se vê é que a rigidez e a amplitude não são características apenas da legislação brasileira sobre o imposto de renda, mas, também, sobre outros tributos existentes aqui. Com o alcance das nossas regras, tem-se que o nosso sistema impõe um mínimo tributário – em certo aspecto até excessivo – para as multinacionais.

Com controles mais severos e tributação mais rígida, o Brasil parece, inclusive, estar à frente de muitos outros países. Enquanto para alguns governos, a taxação mínima pode ser importante para evitar que as MNEs continuem a transferir artificialmente seus lucros para países com baixa carga tributária, no nosso Estado, o Pilar 2 não se mostra tão atraente e inovador, eis que, de certa forma, já existente.

---

[244] https://www.camara.leg.br/proposicoesWeb/fichadetramitacao?idProposicao=2251395. Acesso em 28 de junho de 2022.

[245] O Fundo Nacional de Desenvolvimento Científico e Tecnológico (FNDCT) é um fundo de natureza contábil e financeira cujo objetivo é financiar a inovação e o desenvolvimento científico e tecnológico para, assim, promover o desenvolvimento econômico e social do país. Para maiores informações: http://www.finep.gov.br/a-finep-externo/fndct. Acesso em 28 de junho de 2022.

[246] https://www25.senado.leg.br/web/atividade/materias/-/materia/142074. Acesso em 28 de junho de 2022.

Nossas iniciativas multilaterais (tais como impostos específicos para as grandes tecnológicas e tributação extensiva de lucros no exterior), aqui devidamente exemplificadas, mitigam o BEPS, de modo que a taxação mínima das regras GloBE pode não trazer efeitos além dos efetivamente existentes em nosso território. Apesar de ações individuais não serem o recomendado pela OCDE, tal como o GILTI, a legislação brasileira também se mostra como forte o suficiente na contenção dos planejamentos tributários agressivos e na maior arrecadação tributária com a imposição obrigatória hoje existente, como assim pretendido pelo Pilar 2.

Além disso, vale ressaltar que a alíquota proposta pela OCDE (15%) é muito mais branda do que a aplicada pelo Brasil (34%). Ainda que o cálculo a ser feito não incida sobre a alíquota nominal, mas sim sobre a taxa efetiva das grandes empresas brasileiras, de acordo com pesquisa realizada pela Instituição Fiscal Independente (IFI)[247], a alíquota real a que as MNEs estão submetidas em nosso país está em torno de 27%[248]. Embora haja uma redução, a média continua proporcionalmente maior[249] do que o imputado pelo imposto mínimo global[250].

A despeito de os dados estatísticos trazidos nesse livro não terem sido produzidos pela Autora e, considerando que sua acuracidade pode ser contestada, cumpre destacar que atualmente é possível ter acesso facilmente às informações das empresas e em quanto estão as suas alíquotas efetivas. Hoje, os Formulários de Referência (FR)[251] e os Relatórios de

---

[247] A Instituição Fiscal Independente (IFI) foi criada, em 2016, no âmbito do Senado Federal, e objetiva ampliar a transparência nas contas públicas. Para maiores informações: https://www12.senado.leg.br/ifi. Acesso em 31 de julho de 2022.

[248] https://www.istoedinheiro.com.br/imposto-sobre-lucro-da-petrobras-e-menor-do-que-preve-taxa-em-vigor/. Acesso em 31 de julho de 2022.

[249] Dados estatísticos também confirmados no XV Congresso da USP de Controladora e Contabilidade. Acesso em 31 de julho de 2022.

[250] Nesse sentido também verificar, por exemplo, a alíquota efetiva da Ambev, que, mesmo menor do que a nominal brasileira esteve, na maioria das vezes, acima da alíquota proposta pelo Pilar 2: https://exame.com/negocios/lucro-da-ambev-cai-com-despesas-e-maior-aliquota-de-impostos/. Acesso em 31 de julho de 2022.

[251] O Formulário de Referência (FRE) é um documento eletrônico que as empresas brasileiras enviam periodicamente à Comissão de Valores Mobiliários (CVM). O FRE reunirá todas as informações dos contribuintes, como atividades, fatores de risco, administração, estrutura de capital, dados financeiros, comentários dos adminis-

Transparência Fiscal (TTR – *Tax Transparency Report*)[252] são os documentos mais utilizados pelos contribuintes para descrever as suas operações, bem como os tributos pagos globalmente e os litígios em andamento.

A AMBEV S.A., por exemplo, em seu FR referente ao ano-calendário 2016[253], destacou que, ainda que a alíquota efetiva de impostos foi de 2,4%, em 2015 foi de 22%. Já os FRs das empresas Minerva Foods[254], Raízen[255] e CSN Mineração S.A.[256] e dos TTRs da Vale S.A.[257], da Neoenergia S.A.[258] e da Shell Brasil[259], verificou-se que, no ano de 2021, todas as empresas observaram a alíquota efetiva maior do que a proposta pela OCDE.

Ainda assim, independentemente das propostas legislativas mais rígidas e da observância no Brasil de um recolhimento efetivo acima de 15%, como já amplamente destacado, a relevância do Pilar 2 se mantém e pode ser uma medida efetiva para o aumento do caixa do governo brasileiro nas situações exemplificadas no presente tópico.

---

tradores sobre esses dados, valores mobiliários emitidos e operações com partes relacionadas: https://dados.cvm.gov.br/dataset/cia_aberta-doc-fre. Acesso em 31 de julho de 2022.

252 O Relatório de Transparência Fiscal tem sido cada vez mais utilizado pelas empresas para demonstrar todas as operações a que estão sujeitas.

253 https://static.poder360.com.br/2017/10/formulario-referencia-ambev-2017.pdf. Acesso em 31 de julho de 2022.

254 https://api.mziq.com/mzfilemanager/v2/d/7f2b381f-831b-4aed-b111-417a558 5b53b/e6ce99cc-ba26-f1af-feb5-8b62d72f4d72?origin=1. Acesso em 15 de janeiro de 2023.

255 https://api.mziq.com/mzfilemanager/v2/d/c016735f-1711-48ce-919f-a8c701b-83c19/5fe62010-5b6e-10f5-fecf-ff59b58eb68a?origin=1. Acesso em 15 de janeiro de 2023.

256 https://api.mziq.com/mzfilemanager/v2/d/9e56a180-7ba5-412d-ab60-44ca8 55d1d3d/b2e1d12e-dea5-6f39-7488-fbf8bef9fa40?origin=1. Acesso em 15 de janeiro de 2023.

257 https://vale.com/documents/d/guest/vale_ttr_2021_pt?_gl=1*qx2dbe*_ga*M-TE4MDcyNzgwMy4xNjczNzkwMjUy*_ga_BNK5C1QYMC*MTY3Mzc5MDI1Mi4xLjEuMTY3Mzc5MDMwNi42LjAuMA. Acesso em 15 de janeiro de 2023.

258 https://www.neoenergia.com/pt-br/governanca-corporativa/etica-e-integridade/Documents/Relat%C3%B3rio%20Transparencia%20Fiscal%202021.pdf. Acesso em 15 de janeiro de 2023.

259 https://reports.shell.com/sustainability-report/2021/our-core-values/business-ethics-and-transparency/tax-transparency.html. Acesso em 15 de janeiro de 2023.

CONCLUSÃO

É inegável o papel fundamental que a OCDE possui no cenário internacional, em especial quanto ao desenvolvimento de medidas para conter a erosão da base tributária dos Estados, bem como a transferência artificial de lucros para jurisdições com reduzida tributação. Nesse contexto e considerando a relevância do Projeto BEPS, o Pilar 2 tem sido uma das ações mais discutidas globalmente.

Como amplamente demonstrado na presente leitura, em suma, essa nova Diretiva busca desenvolver uma proposta que permita que a controladora final de um determinado grupo empresarial recolha um imposto complementar para seu Estado de Residência quando suas subsidiárias estrangeiras estiverem localizadas em países com baixa carga tributária. Desse modo, ao impor uma tributação mínima para determinadas multinacionais, acordada pela OCDE em 15%, o Pilar 2 tende a caminhar para uma simplificação das medidas para se evitar o BEPS.

Com essa imposição, a expectativa é que haja um incremento de caixa dos Estados sede das controladoras finais dos grupos sujeitos à Diretiva, ainda que haja subsidiárias em locais desprovidos de taxação, conforme defendido pela OCDE e determinados Estados. A corroborar esse entendimento, os números trazidos no presente Estudo, baseados nos relatórios CbCR e TTR, que compilam informações oficiais das mais diversas empresas, demonstraram que a medida poderá ser de fato efetiva para a recomposição das bases tributárias dos Estados.

Outro ponto relevante é que o Pilar 2 tende a reduzir também a competitividade agressiva entre os Estados. Na visão da OCDE, a Diretiva acabaria por reduzir a busca desenfreada por locais que concedam mais benefícios fiscais, eis que tais vantagens passariam a ter um limitador global comum, aumentando, desse modo, a isonomia entre as jurisdições sob o ponto de vista fiscal.

Isso porque, com a imposição de um mínimo global, os incentivos fiscais que resultem na redução da alíquota nominal abaixo de 15% não serão mais benéficos para os contribuintes, tendo em vista que independentemente da existência de vantagens fiscais acima desse limite em determinados Estados, a alíquota mínima de 15% deverá ser observada pelas MNEs sujeitas à Diretiva. Em outras palavras, o Pilar 2 poderá reduzir o protagonismo de incentivos fiscais na atração de empresas para outras jurisdições, visto que, ao reduzir os lucros das subsidiárias estrangeiras, a Matriz Final estará sujeita a uma tributação adicional.

Além do provável aumento na arrecadação dos Estados e da possível redução do êxodo empresarial entre os países na busca de territórios financeiramente mais vantajosos, tal medida poderia ainda alterar a dinâmica dos investimentos nos Estados. Isso ocorreria, em especial, pela redução do potencial de atratividade que os paraísos fiscais e países com regimes fiscais privilegiados hoje possuem em relação aos demais locais. Diversifica-se, então, os critérios de escolha dos países a serem definidos como sede de residência das controladas estrangeiras.

É possível, desse modo, que o processo de escolha dos países para estabelecimento de uma filial estrangeira passe a ocorrer em bases mais eficientes, já que as regiões desprovidas de tributação tenderão a não ser mais o foco da busca das grandes empresas. Ainda que fatores diversos contribuam para que o capital seja alocado em determinadas jurisdições, tais como política ambiental, condições geográficas e climáticas, pacificidade da região, dentre outros, a ideia da OCDE é que com a nova medida haja uma divisão dos investimentos entre os Estados mais equitativa e eficiente.

Mesmo com essas possíveis vantagens, por se tratar de uma Diretiva recente, o Pilar 2 ainda não foi completamente implementado nos países, com exceção da Coreia do Sul. Ainda que o tema seja relevante, a expectativa é que internalização geral ocorra apenas a partir de 2024 e, a despeito de várias movimentações nesse sentido já terem se iniciado em algumas jurisdições, tais como Holanda, Alemanha, França, Itália e Espanha, a internalização ainda é singela.

A falta de implementação ampla pode, contudo, se justificar também por alguns motivos. Primeiramente, a estrutura e cálculo do Pilar 2 não são simples. Ainda que os contribuintes envolvidos sejam grandes empresas cujas receitas financeiras somam 750 milhões de euros, os métodos para se obter o imposto complementar ainda trazem dúvidas e questionamentos acerca das suas validades e aplicação.

Além disso, há um receio no que tange eventual dupla tributação. Dessa maneira, as regras de "Inclusão de Renda" (*Income Inclusion Rule* – IIR), de "Pagamento de Tributação Reduzida" (*Undertaxed Payment Rule* – UTPR), da "Sujeição à Tributação" (*Subject to Tax Rule* – STTR) e da "Alteração de Método" (*Switch-Over Rule* – SOR), ainda que sejam os métodos da nova Diretiva para se evitar a erosão da base tributária e a transferência de receitas para paraísos fiscais, devem, contudo, ser vistas e utilizadas com cautela.

Outrossim, haverá necessidade de atualização das inúmeras legislações domésticas e convenções celebradas entre os países, pois com a minimização dos efeitos dos TDTs, pelas regras de STTR e SOR, e aumento do poder de tributação dos Estados, com base nas regras de IIR e a UTPR, um incremento legislativo deve ocorrer. É, portanto, imprescindível que tanto as regras internas quanto às convenções celebradas pelos países sofram melhorias para que o Pilar 2 possa trazer os efeitos desejados pela OCDE e se tornar, de fato, uma ação positiva na contenção do BEPS.

Ainda que a minimização da transferência artificial de lucros seja o foco, o Pilar 2 poderia trazer melhores resultados se não fosse a inclusão da previsão da *"substance-based income exclusion"* no seu texto final. Com isso, como agora há a possibilidade de exclusões na base tributária das subsidiárias estrangeiras com base no conceito de "substância", é possível que os efeitos de um imposto mínimo obrigatório fiquem diminuídos, como amplamente demonstrado nesse Estudo.

Em outras palavras, o que tentou se evidenciar é que a nova medida da OCDE poderia ser mais benéfica sem a existência dos *carve-outs*, não contidos antes nas discussões iniciais sobre o tema, e que tendem a reduzir os efeitos das medidas na base tributária das multinacionais. Com a possibilidade de realizar tais deduções, o caráter inovador da Diretiva acabou prejudicado.

Isso porque, com essa nova previsão, há uma aproximação entre o Pilar 2 e as regras CFC. A inclusão na presente obra da análise dos objetivos do Plano de Ação nº 3, voltado especificamente para o fortalecimento das regras de CFC, visou em especial demonstrar a similaridade entre as medidas. Talvez coubesse à OCDE o desenvolvimento ainda mais intenso das legislações CFC, haja vista não só o plano específico a elas estar efetivamente internalizado nos Estados, mas também pelo fato de diversas jurisdições já estarem adaptando as suas legislações domésticas de acordo com as recomendações anteriormente dispostas pela Organização.

Apesar da existência dessas outras ações para minimizar essa problemática – tais como as regras CFC e o Plano de Ação nº 03 – o foco atual é efetivamente o Pilar 2. Ainda que não se possa afirmar que as ações anteriores da OCDE falharam quanto à contenção da dupla não-tributação e da transferência artificial de lucros, para alguns, não há mais que se empreender esforços no Plano de Ação nº 03. Desse modo, as jurisdições devem se concentrar em implementar o quanto antes a nova Diretiva.

No Brasil, por outro lado, há dúvidas acerca da efetividade do Pilar 2. Como o nosso país possui raízes históricas no protecionismo tributário que imperou (e ainda existe) em nossa economia fechada e com uma forte intervenção estatal, a nossa legislação acerca da tributação dos lucros auferidos no exterior por subsidiárias de controladoras brasileiras foi editada de forma ampla e rígida. Desse modo, aqui já é permitido o alcance de valores gerados fora do nosso território, independentemente de se tratar ou não de jurisdição com regime fiscal privilegiado.

Com isso, existe um efetivo recolhimento mínimo obrigatório pelas empresas brasileiras, bastando, apenas, o simples auferimento de lucro no exterior para que tais valores sejam efetivamente tributados no Brasil. Assim, o imposto complementar advindo do Pilar 2 não seria novidade em nosso território.

Com efeito, como o pagamento mínimo já ocorre, o benefício da implementação do Pilar 2 em nossa jurisdição é discutível. Como o Supremo Tribunal Federal não expurgou o art. 74 da MP nº 2.158 do ordenamento jurídico e, atualmente, o art. 76 da Lei nº 12.973 dispõe na mesma forma, o nosso sistema tributário já possui mecanismos que alcançam o mesmo resultado da diretiva da OCDE.

Destarte, é possível afirmar inicialmente que talvez não seja necessária a aplicação da Regra de Inclusão de Renda e nem de eventual imposto complementar a ser recolhido pela controladora brasileira, face à extensão da nossa norma. Como a tributação mínima ocorre pelo nosso modelo legislativo, o Pilar 2, de fato, se mostra muito análogo ao que já ocorre no Brasil. Ademais, além do regramento brasileiro ser muito semelhante ao Pilar 2, é, em algumas situações demonstradas no presente Estudo, mais eficaz em nosso território.

Nada obstante, em complemento à amplitude da nossa norma e à decisão da Suprema Corte que manteve a nossa sistemática de tributação, mereceu destaque, no decorrer do presente Estudo, a relevante decisão do Superior Tribunal de Justiça sobre o tema. Ao estabelecer a supremacia dos tratados frente às normas internas, existe, desse modo, ponto relevante para a observância do Pilar 2 em nosso território.

Isso porque, como evidenciado, uma vez que, pelo art. 7 das convenções celebradas pelo Brasil, não é possível que os valores auferidos pelas subsidiárias estrangeiras sejam tributados aqui, no caso de um baixo pagamento de tributos no exterior, os métodos do Pilar 2 serão aplicados. Dessa forma, caso a controlada estrangeira esteja sujeita a uma alíquota inferior a 15%, a controladora brasileira recolherá o imposto complementar para o nosso país.

Nesta situação, a Diretiva torna-se, portanto, uma importante medida que poderá garantir ao Brasil um aumento do caixa com o recolhimento complementar. Em outras palavras, ainda que o nosso sistema tributário seja extensivo, ao se aplicar o TDT a um caso específico, a regra doméstica restará afastada e a observância do Pilar 2 poderá ser vantajosa para o nosso país.

Diante disso, dúvidas não residem no sentido de que o Pilar 2 é uma ação relevante também para o Brasil. Resta apenas adequar a nossa legislação aos possíveis métodos das regras GloBE para minimizar a transferência artificial de lucros.

REFERÊNCIAS

ARNOLD, Brian J. *The evolution of controlled foreign corporation rules and beyond*. In: Bulletin for international taxation. - Amsterdam. - Vol. 73 (2019), no. 12.

BARRETO, Paulo Ayres; TAKANO, Caio Augusto. *Tributação do Resultado de Coligadas e Controladas no Exterior, em face da Lei nº 12.973/2014*. In: Grandes Questões Atuais do Direito Tributário Vol. 18. São Paulo: Dialética, 2014.

BARRETO, Paulo Ayres. *Planejamento tributário: limites normativos*. São Paulo: Noeses, 2016.

BIANCO, João Francisco. *Transparência Fiscal Internacional*. São Paulo: Dialética, 2007.

CARVALHO, Lucas de Lima. *The Constitutional Case Against the UTPR in Brazil*. Tax Notes International, Vol. 109, Jan. 30, 2023.

CHRISTIANS, Allison; SHAY, Stephen E. *Assessing BEPS: Origins, Standards, and Responses* (June 15, 2017). General Report, in 102A Cahiers de Droit Fiscal International: Assessing BEPS: Origins, Standards, and Responses 17 (Int'l Fiscal Ass'n 2017).

DOURADO, Ana Paula. *Editorial: Pillar Two Model Rules: Inequalities Raised by the GloBE Rules, the Scope, and Carve-Outs*, (2022), 50, Intertax, Issue 4.

———. *Editorial: The Pillar Two Top-Up Taxes: Interplay, Characterization, and Tax Treaties*, (2022), 50, Intertax, Issue 5.

———. *Governação fiscal global*. 2. ed. Coimbra: Almedina, 2018.

EMERY, Renata. *Os vícios do regime de tributação dos lucros de controladas e coligadas no exterior previsto na Lei nº 12.973/14*. In: ROCHA, Sergio André; TORRES, Heleno (coord.). Direito Tributário Internacional: Homenagem ao Prof. Alberto Xavier – São Paulo: Quartier Latin, 2016.

ENGLISCH, Joachim; BECKER, Johannes. *International Effective Minimum Taxation – The GLOBE Proposal* (April 11, 2019).

ESTRADA, Roberto Duque; SAUNDERS, Ana Paula; CORDEIRO, Daniel Vieira de Biasi. *O desenvolvimento de um instrumento multilateral: a ação 15 do Projeto BEPS*. In: GOMES, Marcus Lívio; SCHOUERI, Luís Eduardo (Coord.). A Tributação Internacional na Era Pós-BEPS: Soluções Globais e Peculiaridades de Países em Desenvolvimento - 1ª ed. - Rio de Janeiro: Lumen Juris, 2016.

FINNERTY, Chris J., MERKS, Paulus et al. *Fundamentals of International Tax Planning*. Amsterdam: IBFD, 2007.

GOMES, Marcus Lívio; KINGSTON, Renata Ribeiro; PINHEIRO, Renata Cunha Santos. *O Regime de Transparência Fiscal Instituído pela Lei nº 12.973 e o Action Plan n.3 do Projeto BEPS da OCDE*. In: GOMES, Marcus Lívio; SCHOUERI. Luís Eduardo. A Tributação Internacional na Era Pós-BEPS. Rio de Janeiro: Lumen Juris, 2016.

HEY, Johanna. *The 2020 Pillar Two Blueprint: What Can the GloBE Income Inclusion Rule Do That CFC Legislation Can't Do? - Guest Editorial*. Intertax 49, issue 1, 2021.

HIGUCHI, Hiromi; HIGUCHI, Fábio Hiroshi; HIGUCHI, Celso Hiroyuki. *Imposto de renda das empresas: interpretação e prática*. 29ª ed., São Paulo: IR Publicações, 2004.

KREVER, Richard E. *Chapter 1: Controlled Foreign Company Legislation: General Report*. In KOEFLER, George. Controlled Foreign Company Legislation. IBFD, 2020.

MACIEL, Taísa Oliveira. *Tributação dos lucros das controladas e coligadas estrangeiras*. Rio de Janeiro: Renovar, 2007.

MOREIRA, Clara Gomes. *Regra Constitucional de Competência e Tributação de Transações Transfronteiriças entre Partes Vinculadas*. São Paulo: IBDT, 2021.

MOREIRA, André Mendes; FONSECA, Fernando Daniel de Moura. *A tributação dos lucros auferidos no exterior sob a perspectiva brasileira. Uma análise crítica da doutrina e da jurisprudência*. In: ROCHA, Sergio André; TORRES, Heleno Taveira. (Org.). Direito Tributário Internacional. Homenagem ao Professor Alberto Xavier. 1ed. São Paulo: Quartier Latin, 2016.

NOVOA, Cesar Garcia. *Base Erosion and Profit Shifting (BEPS) y sus implicaciones en América Latina*. In: TEIXEIRA, Alexandre Alkmim (Coord.). Plano BEPS. Belo Horizonte: Fórum, 2019.

OECD (2013), *Action Plan on Base Erosion and Profit Shifting*, OECD Publishing. http://dx.doi.org/10.1787/9789264202719-en.

OECD (2015a), *Explanatory Statement, OECD/G20 Base Erosion and Profit Shifting Project*, OECD. www.oecd.org/tax/beps-explanatory-statement-2015.pdf.

OECD (2015b), *Addressing the Tax Challenges of the Digital Economy, Action 1 - 2015 Final Report*, OECD/G20 Base Erosion and Profit Shifting Project, OECD Publishing, Paris, https://doi.org/10.1787/9789264241046-en.

OECD (2015c), *Designing Effective Controlled Foreign Company Rules, Action 3 - 2015 Final Report*, OECD/G20 Base Erosion and Profit Shifting Project, OECD Publishing, Paris, https://doi.org/10.1787/9789264241152-en.

OECD (2018), *Tax Challenges Arising from Digitalisation – Interim Report 2018: Inclusive Framework on BEPS*, OECD/G20 Base Erosion and Profit Shifting Project, OECD Publishing, Paris, https://doi.org/10.1787/9789264293083-en.

OECD (2019), *Programme of Work to Develop a Consensus Solution to the Tax Challenges Arising from the Digitalisation of the Economy, OECD/G20 Inclusive Framework on BEPS*, OECD, Paris, www.oecd.org/tax/beps/programme-of-work-to-develop-aconsensus-solution-to-the-tax-challenges-arising-from-the-digitalisation-of-the-economy.htm.

OECD (2020a), *Statement by the OECD/G20 Inclusive Framework on BEPS on the Two-Pillar Approach to Address the Tax Challenges Arising from the Digitalisation of the Economy* – January 2020, OECD/G20 Inclusive Framework on BEPS, OECD, Paris. www.oecd.org/tax/beps/statement-by-the-oecd-g20-inclusive-framework-on-beps-january-2020.pdf.

OECD, 2020b, *Tax Challenges Arising from Digitalisation – Report on Pillar Two Blueprint: Inclusive Framework on BEPS*, OECD/G20 Base Erosion and Profit Shifting Project, OECD Publishing, Paris, https://doi.org/10.1787/abb4c3d1-en.

OECD (2021), *Tax Challenges Arising from Digitalisation of the Economy – Global Anti-Base Erosion Model Rules (Pillar Two): Inclusive Framework on BEPS*, OECD/G20 Base Erosion and Profit Shifting Project, OECD Publishing, Paris, https://doi.org/10.1787/782bac33-en.

OLIVEIRA, Ricardo Mariz. *Aspectos inconstitucionais da Lei nº 12.973 em matéria de tributação de lucros de controladas e coligadas no exterior (segundo Alberto Xavier)*. In: ROCHA, Sergio André; TORRES, Heleno Taveira. (Org.). Direito Tributário Internacional. Homenagem ao Professor Alberto Xavier. 1ed. São Paulo: Quartier Latin, 2016.

PERDELWITZ, Andreas; TURINA, Alessandro. *Global Minimum Taxation? An Analysis of the Global Anti-Base Erosion Initiative*. The Netherlads: IBFD. 2021.

PISTONE, Pasquale; NOGUEIRA, João Félix P.; ANDRADE, Betty; TURINA, Alessandro. *The OECD Public Consultation Document "Global Anti-base Erosion (GloBE) Proposal – Pillar 2: an Assessment*. Bulletin for International Taxation, 2020.

SEIXAS Salgado, T. (2021). *A TRIBUTAÇÃO DOS LUCROS ORIUNDOS DO EXTERIOR CONTIDA NA LEI N. 12.973/2014 E A AÇÃO N. 3 DO PROJETO BEPS G20/OCDE*. Revista De Direito Tributário Internacional Atual, (9).

VI-YONAH, Reuven. *Relatório da OCDE sobre guerra fiscal predatória: uma retrospectiva após uma década*. In: SANTI, Eurico Marcos Diniz de; CHRISTOPOULOS, Basile Georges; ZUGMAN, Daniel Leib; BASTOS, Frederico Silva. Transparência fiscal e desenvolvimento. Homenagem ao Professor Isaias Coelho. São Paulo: Fiscosoft, 2013.

QUEIROZ, Luís Cesar Souza; SAUNDERS, Ana Paula. *O Projeto BEPS da OCDE e o Plano de Ação 3: Fortalecimento das Regras de CFC – suas atualizações no cenário global. In:* GOMES, Marcus Lívio; SCHOUERI, Luís Eduardo (Coord.). A Tributação Internacional na Era Pós-BEPS - 2ª ed. - Rio de Janeiro: Lumen Juris, 2019.

QUEIROZ, Luís Cesar Souza; SAUNDERS, Ana Paula; PINHEIRO, Renata Cunha Santos. *O Projeto BEPS da OCDE e o Plano de Ação 3: Fortalecimento das Regras de CFC. In:* GOMES, Marcus Lívio; SCHOUERI, Luís Eduardo (Coord.). A Tributação Internacional na Era Pós-BEPS: Soluções Globais e Peculiaridades de Países em Desenvolvimento - 1ª ed. - Rio de Janeiro: Lumen Juris, 2016.

REDMILES, Melissa; WENRICH, Jason. *A History of Controlled Foreign Corporations and the Foreign Tax Credit.* Disponível em https://www.irs.gov/pub/irs-soi/historycfcftc.pdf.

ROCHA, Sergio André; TORRES, Heleno (coord.). *Direito Tributário Internacional: Homenagem ao Prof. Alberto Xavier.* São Paulo: Quartier Latin, 2016.

RODRÍGUEZ, Betty Andrade; NOUEL, Luis. *Interaction of Pillar Two with Tax Treaties. In:* PERDELWITZ, Andreas; TURINA, Alessandro. *Global Minimum Taxation? An Analysis of the Global Anti-Base Erosion Initiative.* The Netherlads: IBFD. 2021.

SAUNDERS, Ana Paula. *O necessário novo papel do Supremo Tribunal Federal no cenário da tributação dos lucros auferidos no exterior. In:* BASTOS, Ana Carolina A. Caputo; SAUNDERS, Ana Paula; BORZINO, Catarina. Questões controvertidas em matéria tributária. Rio de Janeiro: Lumen Juris, 2022.

SCHOUERI, Luís Eduardo; SCHOUERI, Pedro Guilherme Lindenberg. *Novas Fundações do Direito Tributário Internacional? A OCDE, Seus Pilares I e II e a Covid-19. In:* SCHOUERI, Luís Eduardo; NETO, Luís Flávio; SILVEIRA, Rodrigo Maito (Coord.). Novos Paradigmas da Tributação Internacional e a Covid-19. São Paulo, IBDT, 2020.

SCHOUERI, Luís Eduardo. *Imposto de renda e os lucros auferidos no exterior. In:* ROCHA, Valdir de Oliveira (Coord.). Grandes questões atuais do direito tributário, v. 7, 2003.

UCKMAR, Victor; GRECO, Marco Aurelio; ROCHA, Sergio André. *Manual de Direito Tributário Internacional.* São Paulo: Dialética, 2012.

WEBER, Dennis. *Abuse of Law in European Tax Law: An Overview and Some Recent Trends in the Direct and Indirect Tax Case Law of the ECJ*, 53 European Taxation 6. pp.251-264, at p.251.

XAVIER, Alberto. *Direito Tributário Internacional do Brasil.* 7ª ed. Rio de Janeiro: Forense, 7 ed., 2010.

ZUCMAN, Gabriel; BARAKÉ, Mona; CHOUC, Paul-Emmanuel; NEEF, Theresa. *Minimizing the Minimum Tax? The Critical Effect of Substance Carve-Outs.* EU Tax Observatory Report, No. 1, 2021.

ZUCMAN, Gabriel; BARAKÉ, Mona; CHOUC, Paul-Emmanuel; NEEF, Theresa. *Collecting the tax deficit of multinational companies: Simulations for the European Union.* EU Tax Observatory Report, No. 1, 2021.

- editoraletramento
- editoraletramento.com.br
- editoraletramento
- company/grupoeditorialletramento
- grupoletramento
- contato@editoraletramento.com.br
- editoraletramento

- editoracasadodireito.com.br
- casadodireitoed
- casadodireito
- casadodireito@editoraletramento.com.br